蘇《よみが》える営業

「質問型営業」で結果につなげた

9の実話

TAKESHI AOKI
青木 毅

同文舘出版

はじめに

もし、あなたが自分の営業に課題を持っていて、この本を手に取ったとしたら、「9の実話」に出てくる登場人物の誰かにご自身を重ね、その解決法を手に入れることができるはずです。

私自身が営業現場で35年前から同じようなことを解決し、これまで3万5000人の営業マンを指導してきたからこそ、確信を持って言えます。**営業マンは、業種、商品・サービスは違えども、同じようなところで悩んでいるの**です。

この本では、営業マン・営業部が蘇えった「9つの実話」を紹介しています。それぞれの話は、まぎれもない事実です。登場する「指南役」とは私のことで、各章の営業マンも実在します。現在も現場の第一線で活躍している人たちです。

実は彼らは、私が出会った頃は落ち込み、悩み、途方に暮れている人ばかりでした。

しかし、そのような状況を見事に打ち破り、業績面で大きな結果を生み出しました。それも私が想像する以上の結果を出してくれました。

実際に起きた出来事はまるで小説のようで、どれも感動するものばかりでした。その出来事を通して、彼らは、営業の本質である「お役立ち」の心をつかみ、そこから一気に変わっていきました。

たったひとりの営業マンが会社を変えることになったケースもあります。当の本人は営業の喜びを得て、人間的にも見事に成長し、人生そのものを変える結果になっています。

今振り返れば、これらの経験が私自身の信念を強化したように思います。

「世の中の営業マンのひとりでも多くの人が、営業の悩みを打破し、営業の素晴らしさを味わえるようになってもらいたいもらいたい」。

その一心で、この本を書き上げました。

本書に登場する営業法は、私が20年前に開発し、普及に努めている「質問型営業」です。質問型営業は、お客様の欲求やニーズ、課題や困っていることを質問によって聞き出し、その実現や解決のために自社の商品・サービスを提供するという営業法です。それは、「人は自分の思い通りに動きたい」「営業はお役立ちである」という2つの原則から成り立っています。

今、世界は新型コロナウイルスで大きく揺れています。それに伴い、さまざまな業務がオンライン、リモートに切り替えられ、営業活動でも同様のことが起きています。このような状況になろうと、本書でご紹介する「お役立ちの心」を持った営業を心掛ければ、オンラインの状況もむしろ活用することができるのです。実際、通常以上に成果をあげる営業マンが出ています。

本書に登場する営業マンのようになってもらうことを信じ、自身の営業や部下指導を考えているあなたに、9の実話の物語をプレゼントしたいと思います。

実践するか否かは、あなた次第です。

２０２０年9月　青木　毅

『蘇える営業　「質問型営業」で結果につなげた9の実話』　目次

カバーデザイン　春日井恵実
本文デザイン・DTP　マーリンクレイン

Case 1

省力化システム営業

飛び込み営業で成果をあげてトップ営業になった話

Case 1

省力化システム営業

Before

7年間売上があがらず、クビ寸前。

After

3ヶ月後に3件の受注。さらに3ヶ月後にその5倍の売上を達成。目を見はる復活に社長が目をむく。

「実は、7年間、教わったことがなかったのです。具体的に教わったら、見る見るうちに売上があがりました！」

営業マン 「いくら飛び込んでもうまくいかない。いくらやっても、お客は話を聞いてくれない。やっと話を聞いてくれたと思ったら、途中でつまらない顔をしだして、話をさえぎられて終わりだ。やっぱり、俺は営業には向いてないのか？」

社長 「一体、あいつは何をやっているんだ？ もう、7年だぞ。売上があがらないのも甚だしい。もう、こちらが辛抱するのも限界だ。
もちろん、一所懸命やろうとしているのはわかっている。でも、会社は商品を販売して、利益で運営されているのだ。だから、成績の上がらない者はお荷物でしかない。もちろん、あいつの人間性に問題はない。謙虚で、いいやつだ。でも、この成績じゃあどうしようもない。営業指南コンサルタントに指導を依頼したことだし、これで無理なら見極めなければ……」

＊　＊　＊

指南役 「じゃ、いつも通りに飛び込んでみよか」

営業マン 「わかりました。では、よろしくお願いします」

――従業員規模50人ぐらいの町工場に飛び込む。

営業マン　「こんにちは！　私、●●会社の○○と申します。□□の紹介に参りました。担当者の方、いらっしゃいますか？」

受付　「今、外出しているんですが」

営業マン　「そうですか。いつ、お帰りですか」

受付　「わからないのです」

営業マン　「実は、□□の営業なんですが、このようなことについては、担当はどなたになりますか」

受付　「あのー、営業はお断りさせていただくように言われていますので」

営業マン　「ああ、そうですか。わかりました」

――続いて20人ぐらいの会社に入る。受付の奥には責任者らしき30代の人が座っている。

営業マン　「こんにちは！　私、●●会社の○○と申します。□□の紹介に参りました。担当の方はいらっしゃいますか？　こういう者でございます」

（受付で名刺を出す）

受付　「はい、少々お待ちください」
（担当者に判断を仰ぐと、担当者は虫を追い払うように、手でシッシッというしぐさを見せる）
受付　「すみません。お断りするようにとのことですので……」
営業マン　「ああ、そうですか。わかりました」

＊　＊　＊

指南役　「きみの営業の現場を見せてもらった。こんな風にやってたんや。大変やな」
営業マン　「はあ……」
指南役　「気持ちを維持するのが大変やったやろ。よくこれで7年もやっていたな。むしろ、それに感服するわ。ワッハッハー」
営業マン　「……」
指南役　「でもな、これじゃあ成果にはならへんな。一所懸命やってる姿さえ見せたら、お客様はわかってくれると思うか?」
営業マン　「わかってくれないと思います」
指南役　「なんでやと思う?」

営業マン　「私が一所懸命であることは、相手に関係ないですからね」

指南役　「その通りや。厳しいようやけど、きみのやってることは、はっきり言えば自己満足なんや。『こうしていれば、きっとわかってくれる人がいるはずや』となぁ。けど、7年間やって誰もわかってくれへん。それが答えなんや。どう思う？」

営業マン　「その通りだと思います」

指南役　「そうやな。じゃ、どうしたええ？」

営業マン　「それが、わからないのです」

指南役　「それを、ここで考えてみー」

営業マン　「そうですね、聞いてもらえるような、インパクトのあることを話せばいいんですかね」

指南役　「違うな。もうちょっと考えてみー」

営業マン　「相手の興味のあることを話すってことですか？」

指南役　「なるほど。じゃあ、それをどうやって見つける？」

営業マン　「相手に聞く？」

指南役　「大分、近づいてきたな」

営業マン　「そうですか。いったい、なんなのでしょうか？」

指南役　「答えを聞きたいか？」

営業マン　「もちろんです。私は限界を感じていて、なんとかしたいんです！」

指南役　「よし、そしたら解答を言うけどな。その代わり、きみは教わったらそれをやらなあかんで。できるか？」

営業マン　「わかりました。必ずやります！」

指南役　「よしゃ、じゃあ、解答を言うたろ。残念ながら、きみのやってきた営業はすべて間違ってるんや」

営業マン　「すべてですか？」

指南役　「そう、すべてや。だから、成果があがらんのは当然なんや。まず、きみがやった飛び込みでのアプローチの話をしたるわ」

営業マン　「はい、お願いします！」

指南役　「アプローチで重要なのはな、お客様との出会い頭や。その出会い頭にポイントがあるんや。ポイントは3つ。心構え、態度、表現や。君のアプローチは、残念ながらこのすべてが間違っているんや」

営業マン「すべてですか?」

指南役「そうや、すべてや。じゃあ、まず『心構え』からや。心構えとはな、営業に対するきみのあり方、考え方や。ええか、まず、営業として何を提供しているかや。どう思う?」

営業マン「もちろん、商品を提供しています」

指南役「そうやな。多くの営業マンがそう言う。きみもそのひとりや。それが、違うんや」

営業マン「えっ? 商品と違うんですか?」

指南役「違うんや。ええか、よう聞きや。我々の提供しているものはな、『解決策』や」

営業マン「解決策?」

指南役「そや。お客様には、実現したいことや、課題があるはずや。だからな、それを実現するための方法や、課題の解決策を提案しているんや。その解決策としてきみの商品の提案が役立つんや。きみの商品が役立つとわかれば、お客様はほっといても商品を買う。お客様にとって、その商品が役立つとわかったからや。だからな、きみのやっていることは本当は『お役立ち』であり、『人助け』なんやで。わかるか？」

営業マン「なるほど。お客様の欲求の実現や課題の解決に商品が役立つことがわかれば、お客様は自ら商品を買う。だからこそ、私の仕事は『お役立ち』であり、『人助け』ということですか」

指南役「その通りや。ただし、そのためには、きみがお客様の話を聞かせてもらって、まず、きみが解決策を導き出さなあかん。そして、導き出した解決策をお客様に聞いてもらって、役立つかどうかを判断してもらわな。そやからこそ、お客様ときみの『話し合いの場』がいるんや。何も『物を買ってくれ』と言っているのではないんや。『お客様との話し合いの時間』を持つことで、望んでいることや課題を聞かせてもらい、そのための解決策を示す。そして、その解決策のために役立つ商品の情報を提供するんや。
ただし！　その商品を購入する、しないはきみの判断の限りではない。それは、お客様の判断なんや。きみができることは、お客様のことを聞かせていただき、解決策としての情報を提供することだけや。私は『人は自分の思った通りにしか動かない』『人は自分の思った通りに動きたい』という、人の行動原則を提唱している。これは、人は皆、自分の思い通りやりたいと思っているということや。本来、他人を動かすことなんか絶対にできへんのや。これは老若男女共通なんや。だからこそ、きみの仕事は、お客様のことを聞かせていただき、その欲求や課題の解決策を提供することや。でも、よく考えてみい。望んでいることや、今起こっている課題について、誰が考えてくれる？」

営業マン　「誰も考えてくれませんね」

指南役　「そう、誰も考えてくれへんのや！　そこでやな、一緒に時間を取って考えてくれる人がいたらどうや？」

営業マン　「それは、とても嬉しいですね」

指南役　「そうなんや。それが営業という仕事なんや。きみの仕事は物を売ることではないんで。お客様の望みや課題の解決策を一緒に考えることなんや。だからこそ、きみの仕事は『お役立ち』であり、『人助け』なんや。それをしっかりと営業マンのきみがわかっていないとあかんのや。どうや？」

営業マン　「そうなんですね。お話を聞いて、なぜ、今までうまくいかなかったかがわかりました。私はこれまで商品を売ることばかりを考えて、お客様への『お役立ち』や『人助け』という意識がまったくありませんでした。そりゃあ、売れないのは当たり前かもしれません。今、聞かせてもらって、営業って、とても重要な仕事なんだとわかりました。なんだか気持ちがしゃんとして、背筋が伸びてきました」

指南役　「そうや、その意気や！　そうなれば、次はその『お役立ち』『人助け』の気概を持って訪問することや。じゃあ、きみはその気概をどう示す？」

営業マン　「先ほど言った『気持ちをしゃんとして』『背筋を伸ばして』などですか？」

指南役　「その通りや！　それを『堂々』と私は表現しているんや。肝心なのは、『堂々とした姿勢』や。ぺこぺこする必要はないで。ペコペコは物売りの証拠なんや。まず、堂々とした姿勢をつくることや。

姿勢とは、きみの態度を表わしたものやで。まず、それを表現する「立ち姿」が大事や。相手はな、立ち姿でこちらを見極めているんや。だからまず、立ち姿を整えるんや。ええか、そのためにスーツの第一ボタンは留めて、かかとを揃える。一度揃えたかかとをスッと上にあげ、ストーンと下ろす。そうすれば、一本の棒のように背筋からしゃんと伸びるんや。そうや、かかとを揃えて、胸を張るんや！　そうすれば、準備完了や。

次は、挨拶。15度？　45度？　90度？　いや、角度が問題やない。5度でも十分や。そんなことより大事なのは、スマイルや！　目の前の相手に向かって、ニコッと満面の微笑みを送るんや。その営業マンの微笑みは、相手を包み込み、温かさを感じさせるようなものでなくてはあかんで。今はとりあえず即興でええけど、これについては、とにかく練習や。鏡を見て、ニコッ！　ニコッ！　動画に撮ってニコッ！　その微笑みの最高の審判は、実は子どもたちや。小さい子どもたちを見つけては、ニコッ！　ニコッ！　と微笑みを送るんや。子どもは何の汚れもない天使なんや。その子らに微笑みを向けると、即刻できみの微笑みを審判してくれるで。きみの微笑みが素晴らしかったら、その子らは微笑みを返してくれる。生まれたての赤ちゃんから小学生まで、この子らはすべて本当に素晴らしい審判なんや。その子どもたちが微笑みを返してくれたら、きみの笑顔は１００点満点や。そしたら、今度は大人に向かって、出会った瞬間に誰にでも自信をもってやるんやで。一瞬の微笑みで、きみの考えのすべてを表現できる人間になるんや。そう思って、磨いていくんやで。

さあ、姿勢、微笑みの次は声や。声はな、口先や、頭から出してたらあかん。お腹から、地にしっかり根付いているような声を出す。落ち着き払った、自信を持った声や。自社の部長、いや、社長の気持ちで行くんや。受付では『失礼します。●●会社です。ご挨拶にお伺いしました。ご担当の方はいらっしゃいますか』と落ち着いて言う。余計なことは一切言わんでええ。何か聞かれたら『お伺いしたいことがあります。少しで済みますので、お願いできますか？』と言うんや。『お約束はしていただいていますか？』なんて聞かれるかもしれんな。そのときは、『いえ、ご挨拶をと思いまして。少しで済みますので』と言うんや。ええか、ここで大事なことは、我々は物売りに来たのではないということや。お役立ち、人助けに来たんやからな。わかったか？」

営業マン　「なるほど、よくわかりました」

指南役　「そうか、じゃ、ここでやってみー」

営業マン　「ここで、ですか?」
指南役　「そうや。わかったことは、できへんとあかんがな」
営業マン　「わかりました。よろしくお願いします。『失礼します。●●会社です』」
指南役　「いや、そうやない！　もっと背筋を伸ばして。もっと胸を張らな！」
営業マン　「わかりました。『失礼します。●●会社です』」
指南役　「そうやない。もっと、ゆっくりと堂々とや。まずは、入り方や。もう一度や！」
営業マン　「わかりました。『失礼します。●●会社です』」
指南役　「そう、その雰囲気や。その雰囲気で、声を出してみー！」
営業マン　「わかりました。『失礼します。●●会社です』」
指南役　「言葉を話すときには、完全に両足を止めて言うんや。挨拶と言葉を完全に分ける分離礼や。分離礼とは、先に挨拶を言い、そのあとでお辞儀する礼の仕方や。そうすると、相手にもしっかりと伝わる。『あなたの会社を大切に思っています』というメッセージにもなる。微笑みも忘れんようにな」
営業マン　「わかりました。『失礼します。●●会社です』」

指南役　「いや、もっと体を響かせるような声で！　言葉の語尾は下げるんや！　そのために顎を引く。語尾が上がると、知らぬ間に声が甲高くなってしまう。そうすると、物売りのように聞こえてしまう。言葉の最後は、口を閉める。すると、けじめある言葉になる。言葉が閉まると、決意が出てくる。この決意が相手に伝わり、相手を自然に動かすことになるんや」

営業マン　「わかりました。『●●会社です。ご挨拶にお伺いしました。担当の方はいらっしゃいますか』」

指南役　「そうや、それでええ。よし、もう1回や！」

営業マン　「わかりました。『●●会社です。ご挨拶にお伺いしました。担当の方はいらっしゃいますか』」

指南役　「よし、合格や！　その心構え、姿勢、声で、さあ、行くで！」

——いよいよ、出陣！　営業マンの横に営業指南役がついて、従業員規模50人くらいの町工場に飛び込む。

指南役　「ええか、落ち着いていくんやで。その姿勢、雰囲気、声であれば大丈夫や」

営業マン　「わかりました」

営業マン　「失礼します。私、●●会社の○○と申します。ご挨拶にお伺いしました。担当者の方、いらっしゃいますか？」

受付　「どのようなご用件でしょうか？」

営業マン　「少しお伺いしたいことがあります。少しで済みますので、お願いできますか？」

受付　「少々、お待ちください」

担当者　「はい、担当の△△ですが、どちら様ですか」

営業マン　「失礼しました。私、●●会社の○○と申します。実は、会社の省力化についてご提案しております。省力化については何かお考えでしょうか？」

担当者　「もちろん考えてはいますが、どのようなことでしょうか？」

営業マン　「はい、失礼しました。省力化について、お役に立つことがありまして、もし、よければ、少しお話しできるでしょうか」

担当者　「では、こちらにどうぞ」

近くの商談スペースで10分ほど状況を聞かせてもらい、カタログを渡して出る。

――続いて、従業員規模10人ほどの町工場に飛び込む。

営業マン　「失礼します。私、●●会社の○○と申します。ご挨拶にお伺いしました」
社長　「どういう用件？」
営業マン　「はい、会社の省力化についてのご提案です。省力化については何かお考えでしょうか？」
社長　「そら、考えてはいるよ」
営業マン　「そうですよね。何かやっておられることはあるのですか？」
社長　「ま、経費を無駄使いしないようには言っているけどね」
営業マン　「なるほど。では、さらにいい方法があればどうですか？」
社長　「そら、いいけどね。何かあるの？」
営業マン　「よろしければ、少し座らせていただいていいでしょうか？」
社長　「じゃ、ここにどうぞ」

しばらく話したあと、工場の中を見せてもらい、後日、提案書を持ってくることを約束。それ以降に訪問した5件すべてで、担当者と話をすることに成功。

指南役「どうやった？」

営業マン「いやー、びっくりしました！　7件とも全部担当者が出てきて、対応してくれました。これ、本当なんでしょうか？」

指南役「現実に起こったんやから、本当やろ」

営業マン「そのうち1件は具体的に商談に入れそうですし、1件は見積もりを持ってきてくれという話でした。私が最初に飛び込んだ3件はまったくダメだったのに……。いったい、これはどういうことなのでしょうか？」

指南役「きみはどう思う？」

営業マン「まるで……奇跡のようです！　これが事実だとしたら、飛び込んだこちらの心構え、姿勢、声が、明らかに違っていたということです」

指南役「その通りや。それによって、これだけ結果が変わるんや。だから、きみが営業に向いているとかいないとか、関係ないんや。もちろん、一所懸命なだけでもダメや。きみが相手先に対して伝わるようにやっているか？　それが重要なんや」

営業マン 「そうなんですね。いゃあ、びっくりです。これからは絶対、本日のような形でやっていきます。今日は本当にありがとうございました」

――半年後。

営業マン 「おかげ様で、教わってから3ヶ月後に3件の契約をいただきました。そして、そこから3ヶ月後にはその5倍の売上の契約をいただきました。もう、夢のようです。お客様から信頼していただけるようになり、すごくやりがいを感じています。はじめは信じられませんでした。これは夢を見ているのか？ とね。でも今は、これが事実なんだと受け止めることができるようになりました。これまでの7年間はなんだったのでしょうか。あらためて、今までの自分を振り返ってみると、最初の7年間は全然営業ができず、自分の成績を上げることしか考えていませんでした。それがどうでしょう！ 今は、お客様にいかに役立つかを考えられるようになりました。もちろん、そのための話し方を教わったことが大きくて、実践したら見る見るうちに売上があがりだしました。それだけではありません。お客様からすごく信頼していただけるようになったんです！　先日も『○○君、頼むよ。きみは当社に必要なんだからね』って言われて、嬉しくて……。なんてありがたいんだろうと思い、『ありがとうございます。がんばります！』って言ったとたん、涙が溢れ出てきました。

結局は、自分の営業に対する気持ちだと今は理解できます。営業は『お役立ち』『人助け』なんだという言葉が染みます。そして、そのことを伝えられるように『心構え』『姿勢』『声』を整えることが重要なんだと体感でき、それを自然に実践できるようになりました。本当に、本当にありがとうございました。今はもう、営業どころか、自分の人生まで変わって、心が晴れやかです。もちろん、仕事や営業を楽しんでできるようになりました。これからますますがんばります！」

社長　「先生、7年間成績があがらなかった彼が見違えるようになりました。本当にありがとうございます。なぜこのようになったのかと聞いてみますと、やるべきことをやれるようになったと言うんですね。それは何かと聞いてみると、お客様に対する『お役立ち』の気持ちを湧き上がらせることだと言うんです。それが結果に結びつくようになったと。
何より、彼がいきいきと働いてくれている姿を見て、本当に心からよかったと感じています。いやー、本当によかった。先生のおかげです。本当にありがとうございました。今後は彼の営業法を社内全体でさらに推進していこうと考えています」

指南役

「よかったですわ。でも、実は本当にシンプルなことなんですね。我々営業が忘れてはいけないことは、『我々はお役に立つ存在だ。喜ばれる存在なんだ』ということですわな。それを表現できんとあかん。伝えられないとあかんのですわ。もし、すべての営業マンがこのことを理解したら、日本経済は営業から発展しまっせ！　そして、営業という『人と人との交流』を通して、互いの心が豊かになる素晴らしい国になるんや。そのためにも、ひとりでも多くの人にこれを伝えなと思ってますけどな。ワッハッハー」

POINT

営業は、お客様の望みや課題の解決策を一緒に考えること。
だからこそ、営業の仕事は「お役立ち」であり「人助け」である。

Case 2

介護営業

アプローチが上達し、地域一番店になった話

Case2

介護営業

Before

新設事業部に送り込まれるも、
売上をまったく伸ばせず、
上司役員から早朝出勤を命じられる。

After

半年後に売上が上がりだし、地域一番店に。
「営業のやり方と攻め方を変えたことで、
売上が上がりはじめただけでなく、
営業の仕事が楽しくなってきました」

営業マン「私は、私なりにがんばっている。だけど、新設事業部のやり方が見えない。今まで、それなりにやれていたと思う。だからこそ、新設事業部に抜擢された。それが、もう半年以上やっているのに、どうすればいいのかがわからない。あまりにも成績が上がらないので、上司から早朝出勤を命じられ、行動を管理されるようになってしまった。いったい、どうすればいいんだ」

上司「あいつ異動して半年になるのに、まったくいい報告が出てこない。期待を込めて大抜擢したにもかかわらず、全然だめだ。私自身も焦っている。もちろん、本人も焦っているだろう。仕方なく早朝ミーティングをはじめたが、行動を管理するようになったことで、かえって不自由にさせてしまっているのかもしれない。だけど、今はそれぐらいしかできない。正直、新設事業なので私自身もやり方がわからないのだ。だから、なんとかがんばってほしい」

――3日後。

指南役「今日は、個人的な相談と聞いたんやけど」

営業マン「はい、新しく訪問看護ステーションを開設しまして、地域のケアマネジャー

（介護支援専門員）に当ステーションをご利用いただくように営業しています。ただ、地域にはすでにいろいろな訪問看護ステーションがあります。ケアマネさんは、知っているところを利用するほうが安心で便利ということもあり、なかなか新設の当社ステーションを利用いただけないのです」

指南役　「なるほど。そういう中で、きみは何が課題だと思ってるんや？」

営業マン「はい、地域のケアマネに当社ステーションを知ってもらって、ご利用いただきたいのです」

指南役　「それが難しい？」

営業マン「残念ながら、なかなかご利用いただけません。どうやって突破すればいいのか、正直、見えなくて」

指南役　「それは大変やな。ワッハッハー」

営業マン「……」

指南役　「いつもどんな感じでやってるんや？　ちょっと再現してみてや？」

――朝、施設を訪問し、出かけようとしているケアマネジャーに声をかける。

営業マン　「おはようございます！　私は○○の訪問看護ステーションの者です。ぜひ一度、当社のことも知っていただきたく思いまして……」
ケアマネ　「あ、今、忙しいから」
営業マン　「そうですか……」

見ている間に立ち去られて、終わり。

――夕方、用事をしているケアマネジャーに声をかける。

営業マン　「こんにちは！　私は○○の訪問看護ステーションの者です。ぜひ、一度、当社のことも知っていただきたく思いまして」
ケアマネ　「あ、今、使っているところがあるから、いいわ」
営業マン　「そうですか。でも、私たちのところもがんばってますので、一度、話を……」
ケアマネ　「悪いけど、忙しいんでまたね。⊙⊙さーん、ちょっと手伝ってくれるー？」
営業マン　「……」

2人のケアマネジャーに無視されて終わり。

＊　＊　＊

営業マン　「こんな具合です。とにかくケアマネの方々は忙しく、なかなか話を聞いてもらえないのです」

指南役　「なるほどな。でもな、それがわかっているなら、話はシンプルや」

営業マン　「どういうことですか？」

指南役　「大事なのは、きみが相手のそのような状況をわかって声をかけているか、や」

営業マン　「どういうことですか？」

指南役　「ええか、相手は忙しい。その気持ちをきみがわかっているかということや。忙しい中で声をかけて、足を止めてもらい、こちらの話を聞いてもらわなあかんということは、何が大事や？」

営業マン　「忙しい中で、話を聞いてもらえるようにすることですか？」

指南役　「ちゃう！　他は？」

営業マン　「端的に話をすることですか？」

指南役　「ちゃうがな。ええか、大事なんはやな。相手の気持ちをきみが理解しているかどうかや。理解していたら、きみの口からそれが自然と出る。『お忙しいところ、申し訳ありません』と、きみの気持ちの入った言葉が出ると、相手はそれを感じるんや。『この人は、自分のことをわかってくれている』という気持ちになって、足を止めてくれるんや」

営業マン「なるほど。そういうことですか。たしかに、話を聞いて欲しいという一方的なアプローチをしていて、聞いてもらえません。ケアマネさんにさっと仕事に行かれ、声をかければかけるほど、つらい気持ちになることが多かったです」

指南役「そういうことや。でも、100にひとつでも、うまくいった体験はないか?」

営業マン「そういえば……先日、荷物運びをされているケアマネさんがいらっしゃって、『お疲れ様です。何かお手伝いしましょうか?』って、自然に言えた時がありまして。するとその方が『いいえ、大丈夫よ』っておっしゃるので、『○○看護ステーションの者です』って言ったら、少し話を聞いてもらえたんです」

指南役「そう、それなんや! 人はな、自分に親切にしてくれた人のことを好きになるんや。それがな、『お疲れ様です。何かお手伝いしましょうか?』っていうようなひと言でわかるんや。『この人は私に親切だ』ってな。だから、話を聞いてくれるんや。まずやるべきことは、相手にねぎらいの言葉を優しく、温かく、かけることや」

営業マン　「なるほど！　そういうことなんですね」

指南役　「そう！　ええか、『アプローチは最初の3秒で決まる』が私の持論や。それくらい、人は何も言わなくても、感じ、わかるものなんや。『この人は私を助けようとしているのか、それとも何かを奪おうとしているのか』ってな」

営業マン　「厳しいですね」

指南役　「ええか、きみ、営業をなめたらあかんで。営業は『人対人』や。人は感性の生き物や。営業のきみが何も言わんでも、最初の雰囲気ですべてが相手には伝わってるから、相手もそれに反応する。だからこそ、そういう声掛けで足を止めてくれたら、すぐに用件に入らなあかんで。何しろ、忙しいケアマネが足を止めてくれたんやからな。そんなケアマネに、次にやることは何や？」

営業マン　「お礼を言って、要件を伝えることですか？」

指南役　「そういうことや。『ありがとうございます。私は○○の訪問看護ステーションの者ですが、ご存じですか？　ぜひ、当社のことも知っていただきたく思いまして』という具合なんや。これが目的を伝えるということやで。ここまで言ったら、相手は『どういうものですか?』と好意的に反応してくれる人もいれば、『今、使っているところありますからね』と消極的な反応をする人もいる。この時に、大事なことは、何やと思う?」

営業マン「質問ですか?」

指南役「ちゃう! 自分の放った言葉に対して答えてくれたことへの『共感』や。共感とはな、どこまでも、その人のことを認める行為なんや。ねぎらいと一緒で、次からは共感で相手を認め続けることなんや」

営業マン「共感ですか」

指南役「そうや。しっかり相手の目を見てな、好意的反応には『ありがとうございます』、消極的な反応に対しては『そうなんですね』と深く共感するんや。身体を使い、腰を折って、深く共感するんやで。そうすれば相手に必ず伝わる。だいたい、共感をほとんどの人がせえへんかったり、やり方が小さかったりしてる。特に日本人はあかんな。恥ずかしがりで自分自身の表現をせえへん。けど、それでは絶対に相手に伝わらへんで。身体で表現して、声に出してこそ、伝わるんや。『なるほど』『そうなんですね』と腰を折って……。こんな具合や」

営業マン「先生、すごい共感ですね」

指南役「わしかってなー、今でもやるときはやるでー」

営業マン「やはり、実践されているんですね」

指南役「当たり前や。わしは共感を使った営業のコミュニケーション方法を教えてるんや。方法はいたってシンプルで、『好意－質問－共感』というサイクルや。まず相手に好意を持って、質問を投げかける。そうすれば答えてくれるから、それに共感する。この『好意－質問－共感』の中で最も重要なものは、きみはなんやと思う？」

営業マン「共感ですか？」

指南役「その通り！　共感なんや。なぜやと思う？」

営業マン「相手を認めることが重要だから、ということですか」

指南役「その通り！　コミュニケーションで大事なのはな、どこまでも『あなたを認めています』『あなたのことをしっかり見ています』という表現だからや。認めてくれた人には足を止める。認めてくれた人の話は聞く。認めてくれた人とは話を続ける」

営業マン「そうか……。そんなに大事なんですね。ということは、共感に全神経を傾けて会話しないといけないのですね」

指南役「その通り！　ええか、アプローチは『共感』で決まるんや。コミュニケーションがはじまったら、『好意』や『質問』よりも大事なのは共感や。どこまでも『あんたのことを認めています』という表現しかない。それでコミュニケーションが回りはじめる。だから、共感に命を懸けるんや。心から、全身全霊をかけて深く共感できたら、きみは相手に対してさらに好意を持てるようになってるはずや。相手も深く共感してくれた営業マンに、悪い気はせえへん。好意を持ってくれるようになるんや。すると、次の質問に入れるようになる。このコミュニケーションサイクルの『好意－質問－共感』では、タイミングとリズムが大事や。きみが共感できたら、相手が好意を持ってくれて、さっと質問に入るタイミングを持てる。相手はきみがしっかり共感してくれているという余韻を持ってるから、質問に自然に答えてくれる。つまり、リズムができるんや。こうして自然に、質問のタイミングとコミュニケーションのリズムで、つながっていくんや」

営業マン　「すごいですね。そんな細かなところまで仕組まれているのですね」

指南役　「そうやない。これは結果や。仕組んでいるのではなく、相手のことを考えてコミュニケーションを取ろうとすると、自然にそのようになるんや。ええか、理屈が先とは違うで。あくまでも心が先や。相手のことを思い、相手のために話を進めていくと、自然と理論が見つかるんや。ええか、わかったか？」

営業マン　「はい、わかりました」

指南役　「さて、このように目的を伝えたら、相手の現状を聞かなあかんで。自分のことより相手が先や。『訪問看護についてはどちらかお使いですか？』『現状はどうですか？』などとサッと質問するんや。すると、何か言ってくれるやろうから、『なるほど。そうなんですね。あそこもがんばっておられますからね』などと、しっかり共感するんや。
そしたら、次は相手の欲求や課題を聞くんや。『訪問看護について、もう少しこうなってくれたら、とかありますか？』と聞いて、『なるほど。そうなんですね』と共感し、『私どもでは、その解決策のご提案をしています。一度お話を聞かれませんか?』と展開していくんやな。『現状－欲求・課題－提案』という流れや。まず、相手の状況がわかるから、欲求や課題を聞く。そこで、解決のためのお話を聞きませんか、とな。これがアプローチの流れなんや。『目的』を伝えて、話の焦点を絞る。そして、焦点を絞った部分の『現状』を聞く。すると相手は、自分の現状を客観的、冷静に思い出すんや。だから、『もっとこのようにしたい』とか、『ここが改善できたら』といった『欲求と課題』が見えてくる。そこで、解決策としての『提案』の時間を取られませんか?　と伝えて、相手の意志を聞く。わかるか?」

営業マン
「なるほど、質問で欲求や課題を引き出し、提案をして、アポイントを取るのですね」

指南役
「それも違う。そう思うかもしれないが、どこまでいっても、相手を見極める会話や。『人は自分の思った通りにしか動かない』が鉄則や。きみがどれほど素晴らしい訪問介護を提案したいと思っていても、それで相手を動かすことはできへんのや。相手がどれぐらいそのことを求めているかや。だから、相手をこれらの質問で見極めてるんや。

特に、『欲求・課題』の質問が重要やで。強い欲求や解決したい課題があれば、相手はそのことについて『求めている』から、提案すればアポイントが取れるんや。それほど思っていない人は『ちょっと考える』となるやろうし、満足している人は『今のところ大丈夫』となる。

ええか、動かそうと思っても動けへん。人とはそういうもんや。動こうとしている人、動きたいと思っている人、少しでも考えている人を見つけるんや。だからこそ、最後の言葉が大事なんや。『私どもでは、その解決のご提案をしていますが、一度お話を聞かれませんか？』や。『お話を聞いてください』ではないで。『聞いてください』はお願いで、動かそうとする言葉やからな。動かそうと思っても動けへん。仮に動いたとしても、後があかん。きみも経験あるやろ」

営業マン
「たしかに、こちらが説得した人は、アポイントの段階でキャンセルになったり、約束していても保留になったりします。反対に、話を聞かせてくれと言われた場合は、話がスムーズに進みますし、おまけにいい契約になります」

指南役　「な、そうやろ。これがわかっていない営業マンがほんまに多いんや。彼らはどうしても説得する傾向が強い。だから、結局、お客さんからの反論や断わりと受けることになる。営業がつらく苦しいなんてよく聞くけど、自分からそのようにしているパターンがほとんどなんや」

営業マン　「どういうことですか？」

指南役　「きみ、わからんかな？　なんでか考えてみー」

営業マン　「あ……そうか。お客様を説得しようと思うから、お客様はそれを感じて、反論で返したり、言い訳したりして断る。それでも一所懸命なんとかしようとするから、かえって厳しい断わりを受けて追い返される。それで、『営業はつらい、苦しい』となる……ということですか？」

指南役　「そうや、あたりや！」

営業マン　「なるほど。つらく苦しい営業に、自分からはまっているということですか」

指南役　「その通りや。やっと理解できたようやな」

営業マン　「わかりました。まず、ケアマネさんの状況を理解して、ねぎらいを持って、温かく、優しく声をかける。『好意ー質問ー共感』のリズムでコミュニケーションをとる。特に大事なのが共感ですね。そして、すぐに目的を伝えて、次は『現状－欲求・課題－提案』を確認する質問をしていくのですね。大事なことは、相手の『欲求・課題』で、解決したいかどうかを確かめる。だから、最後の言葉は『私どものほうでは、その解決のご提案をしていますが、一度お話を聞かれませんか？』という質問形式なんですね」

指南役　「そや、そういうことや！」

営業マン　「はい。多くの営業マンは、このような気持ちと流れを持って話をしていない。だから、相手に伝わらなくて、断わりを受ける。それでもどんどん一方的に話すから、ますます厳しい断わりを受けたり、無視される。だからつらく苦しい営業になる、ということですね」

指南役　「そう、その通りや！」

営業マン　「わかりました。じゃあ、そのやり方でやってきます！」

指南役　「よっしゃ！　期待してるで！」

――朝、施設に行き、出かけようとしているケアマネジャーに声をかける。

営業マン　「おはようございます！　お疲れ様です。私は○○の訪問看護ステーションの者です。お忙しそうですね。何か、お手伝いしましょうか？」

ケアマネ　「そう、じゃあ、ここを押さえておいてくれる？　もうひとつ荷物持ってくるから」

営業マン　「全然いいですよ。このように持ってたらいいですか」

ケアマネ　「どうもありがとう。助かったわ」

営業マン　「いいえ、お安い御用です。ところで、私は○○の訪問看護ステーションの者です。私どものことはご存じですか？」

ケアマネ　「悪いけど、知らないわね」

営業マン　「いいえ、大丈夫です。何せ最近できたものですから。一度、当社のことも知っていただきたく思いまして」

ケアマネ　「そうなのね」

営業マン　「ところで、どちらか訪問看護についてはお使いですか？」

ケアマネ　「□□を使っているわ」

営業マン　「現状はどうですか？」

ケアマネ　「よくやってくれているわよ」

営業マン　「そうですか。それはよかったですね。□□さんも一所懸命やっておられますものね。ところで、その中で、もう少しこうなればとか、こういうこともやってくれたらということはないですか?」

ケアマネ　「まあ、ぜいたく言ったらきりがないけど、△△みたいなことをやってくれたら助かるわね」

営業マン　「そうなんですね。じゃあ、△△ができたとしたら、どうですか?」

ケアマネ　「そりゃあ、助かるわね」

営業マン　「そうですか。それを私どもでやっているんです」

ケアマネ　「そうなの?」

営業マン　「よろしければ、一度お話を聞かれませんか?」

ケアマネ　「そういうことなら、聞いてみてもいいわね。でも、今日は忙しいからね」

営業マン　「大丈夫です。後日、一度お時間を取ってもらえませんか。10分ほどでいいですから。できたら、座ってお話しできると嬉しいです」

ケアマネ　「いいわよ」

営業マン 「じゃあ、明日の夕方5時はどうですか」
ケアマネ 「その時間ならいいわね」
営業マン 「それではよろしくお願いします。お話しできるのを楽しみにしています」
ケアマネ 「わかった。じゃあ、5時ね」

夕方、他の施設に行き、用事をしているケアマネジャーに声をかける。この時も同じような話になったがアポは取れなかった。しかし、後日、やはり話を聞きたいという電話をもらい、アポが取れる。

――指導をもらって1年後。

営業マン 「やりました！ ついに、ついに、地域一番店になりました！ ありがとうございます。正直、よくここまでこられたと思います。最初はものすごく悩んでました。やったことのない仕事だったし、この営業も未経験でしたし。でも、やり方を教わって以降はすごく楽しくて、仕事というより、むしろ地域のケアマネさんのお役に立ちたいという思いで、自然に体も動くようになりました。ケアマネの方々とも仲よくさせてもらっています。

印象に残る出来事ですか？　実は、ある出来事で大きく変わったと思います。それは、あるケアマネさんと2回目にゆっくりお話ししたときです。アポをとっていろいろお話を伺っていますと、ケアマネさんが担当の方々のことを心から考え、心配しておられて、『すごいな、えらいなー』と思えました。それで、自分もお役に立ちたいという思いで現状の課題を聞いてみると、『それ、当社でお手伝いできますよ』って自然に言えたことがあったのです。すると『じゃあ、お願いしますね』なんて言われちゃって、もう、そのタイミングと空気が、ケアマネさんと気持ちが一体化した感じでした。『役立ちたい』という気持ちが湧いてきたのです。もう、嬉しくて、目頭がウルウルしちゃいました。涙がこぼれそうで、『はい！』って言うのが精いっぱいで。

そこからですね。『営業とはお役立ちなんだ！』と意識が変わり、業績というより、お役に立つのが嬉しくって、無我夢中でやっていたら、気づけば当初目指していた地域一番店になっていました。本当にいいことを教わりました。ありがとうございました」

上司

「いやあ、彼が大きく成長してくれました。昨年、途中から言動が変わりまし

指南役

てね。何かをつかんだようで、顔つきからも燃えるものを感じるようになりました。『何かわかったのか？』と聞いたんですけど、『ええ、少し』と言うだけで、詳しくは言ってくれません。そのうち、見る見る間に業績が伸び出しましてね。はじめはじわじわだったのが、途中から一気に上がりだしました。それで、もう一度聞いたら、先生のことを言ったんです。本当にお世話になりました。ありがとうございました」

「いや、恐縮ですな。お呼びいただきありがとうございます。彼は当初、悩んでましたわ。暗い顔してね。何か、この世の終わりのような感じでしたな。でも、だからこそ、突破したい！　という必死な気持ちがありましてな。まあ、教えたことを素直に聞いて、進みましたな。何よりも、『業績はお役立ちの結果だ』とつかんだことが大きかったんじゃないですか。きっと、これからますます成長すると思いますよ。彼は逸材ですわ。何しろ、営業の神髄をつかんだようですからな。きっと、会社を変えるほど活躍しますわ。ほんま、よかったわ。ワッハッハー！」

POINT

アプローチは「共感」で決まる。「共感」とは、どこまでも「あなたのことを認めています」という表現。

それでコミュニケーションが回りはじめる。共感に命を懸けること。

Case3

不動産営業

お客様の反論に対処できるようになり、わずか2ヶ月で受注できた話

Case3

不動産営業

Before

半年間、自分の売上ゼロ。部下の成績を上げさせることもできず、退職を覚悟。

After

指導を受け、2ヶ月で受注。受注祝いの飲み会で思わず全員で涙。

「苦しかったです。質問でお客様と会話のキャッチボールができるようになり、道が開けました」

上司

「私自身が過去にトップセールスとして売ってきたにもかかわらず、半年も売れていない。売れていた時期に比べると、今はどうもズレている。何が違うのかわからないから、あの感覚に戻せない。おかげで、部下に受注させることができないだけでなく、アドバイスもうまくいかない。

特に最近はお客様の反論が強烈で、うまく切り返すことができずに終わってしまう。これが今後も続くようだったら、私はこの仕事をする資格がないし、何よりも役職に就いている意味がない。あと3ヶ月やってダメなら辞めよう。仕事をしていてもしようがない。こんな上司をもつ部下がかわいそうだ」

部下

「新入社員として、入社して1年半。最初の半年目に何とか受注をもらったが、この1年は受注なし。どこに行っても、営業というと怪訝な顔をされ、追い返されてしまう。断られ過ぎて、最近はうまくいく気がしない。そもそも、私は営業に向かないのかもしれない。上司はアドバイスをくれるし、同行もしてくれるが、だんだんと、営業に出向く足取りが重く、嫌になってきた。もう、仕事から逃げだしたい気分だ」

――指導を受けている営業指南役との面談の日。

指南役　「どうしたんや？　どことなく元気ないな」

上司　「はい……。実は完全にスランプに入っています」

指南役　「そうか、スランプ。それは困ったな、きみ。ワッハッハー」

上司　「笑わないでください。悩んでいるんですから」

指南役　「そりゃ、すまん、すまん」

上司　「実は、私の仕事は土地活用です。地元の土地を持っているお客様に収益物件を建ててもらって、資産形成をして喜んでいただく仕事です。この3～4年は会社でもトップセールスでした。おかげで役職も上がり、部下を持たせてもらい、部下を指導しながら、私自身も営業活動をしていたんです。部下は新卒の男女2名です。最初の半年で1件ずつ決め、いい調子でしたが、この1年はまったく売れません。それどころか、私もそれに引きずられるように調子を崩してしまって、この半年、私の営業部はまったく売れていないのです。自分が売れず、部下にも売らせることができず、会社には貢献できずで、私が会社に存在する意味がありません。このまま売れなければ、会社を辞めようとも考えているんです」

指南役　「そら、きみ、大変やな。ワッハッハー」

上司　「また、笑う」

指南役　「あーすまん、すまん。現場では、どんなことが起きているんや」

上司　「特にこの仕事で多いのは『反論』です」

指南役　「どんな感じか、ちょっと教えて」

上司　「わかりました」

――地元の地主さんを訪問。

部下　「こんにちは。私、●●という会社で土地活用のお話をさせてもらっています」

地主さん　「あー、その話なら間に合っている」

部下　「ただ、ですね」

地主さん　「いらんって言ったやろ。帰って」

部下　「あー、はい」

――地元の農家を訪問。

部下　「こんにちは。私、●●という会社で土地活用のお話をさせてもらっています」
地主さん　「あー、その話ならするつもりないから」
部下　「そう言わず、少し……ですね」
地主さん　「その気がないって言ったやろ。帰って、帰って」
部下　「あー、はい」

――地元の自社ビルの企業を訪問。

部下　「失礼します。私、○○という会社で土地活用の担当の方にご挨拶でございます」
受付　「そのお話なら、お断りするように言われております」
部下　「少しで結構ですから、お話を」
受付　「申し訳ないのですが、お引き取りください」
部下　「あー、はい」

＊　＊　＊

指南役　「ひどいな。これきみの部下か？」

上司　「そうです。部下の状況ですが、私も同じようなことは、結構あります」

指南役　「そうか。ボロボロやな。取りつく島もないというやっちゃな。けどな、きみ、これって、相手が何を言うてるかわかるか？」

上司　「どういうことですか？」

指南役　「このように、なぜ、すぐさま断られるかということや。なぜだと思う？」

上司　「なぜって……その話はもうわかっている、自分には必要ないってことですよね」

指南役　「そう。ということは、どういうことや？」

上司　「うーん……もうわかっているとか、知っているということはでないですか？」

指南役　「そうやな。ということは、どういうこっちゃ？」

上司　「多分、以前にも話を聞いたとか、自分なりに調べてみたことがあるということですかね」

指南役　「そうや。それで、以前に聞いたとき、どう思ったんやろな」

上司　「ま、話は聞いたもののもうひとつというか、そんなにいい話ではなかったとか、反対に調子がよすぎる話だったとか、リスクが大きすぎるとか、今の仕事を抱えてまですることではなかったとか、進めるにはいろいろな問題があるということですかね……。待てよ⁉　そうか！　ということは、その人は当社に対して言っているわけではないんですね。今まで聞いてきた会社や営業マンの話に疑問を持っているってことを言っているのですか？」

指南役「おっ、気がついたか！　そういうこっちゃ。ということは、どうしたらえーかな？」

上司「そうですね。そのように言われるには、その人なりの理由がある。当社に対してではなく、今まで聞いた話の中で……ということですよね。その理由をぜひとも聞きたいですね」

指南役「じゃあ、それを聞くために必要なものは何や？」

上司「もちろん、質問……ということになりますけど」

指南役「そうや、質問や！　だからな、お客様に『なぜ、そのように言われるのですか？』と聞いたらいいんや」

上司「そうなんですよね。けど、質問してもなかなか答えてくれないんです。むし

指南役 ろ、追い返されてしまう」

上司 「そうや、その通りや。なぜなんやろな？」

指南役 「どうせ同じ話だと思ってしまうんでしょうね」

上司 「だからな、そう思われる前に仕掛けるんや。反論めいたことを言われたら、さっと素早く共感してから、すぐさま言うんや。『えっ、そうなんですか！何かあったんですか？』『そうなんですか！　以前に何か聞かれたんですか？』『そうなんですか！　なぜ、そのように言われるのでしょうか？』って、共感してからすぐさま聞くんや。何か言ってくれたら、『な～るほど、そういうことだったんですね』と、今度は思いきり、しっかり共感するんや。いつもの2倍ぐらいの共感が必要やな。それから、さらにすかさず『どういう内容だったんですか？』と聞いたらいい。そうこうしているうちに会話がつながり、自然に話ができるようになっているということっちゃ。もちろん、毎回うまいことといくわけやないけどな。でもな、そういう展開にしていると、つながる確率がずいぶん増えて、話のできる人が出てくるはずや」

上司 「なるほど……それで、あのときの部下の営業はうまくいったんだ！」

指南役　「どういうことや？」

上司　「いえ、以前に部下がはじめてのお客様のところを訪問したら、いつものように『必要ないよ！』と言われ、思わず『えっ！　何かあったんですか？』って聞いたらしいんです。すると『前にも同じ話を聞いた』と言われ、『そうなんですね！　どんな話ですか？　今回はずいぶん違いますよ』と続けたら、『どんな話なんだ？』と話がつながったんです。それから私も商談に行く案件になり、現在も一緒に通っています」

指南役　「それなんじゃ！」

上司　「そういうことですか……。私はとにかく、話を聞いてもらうことばかり考えていました。ところが、今の先生の話を聞いていると、違うんですね。話を聞いてもらうのではなく、話を聞くように持っていくということなんですね」

指南役　「そういうことや。まず、相手の話を聞く。でもな、一方的に話を切られては、聞くに聞けんからな。だからな、まず、なぜそのように言われるのかを素早く質問し、共感して、相手の気持ちを理解することや」

上司　「なるほど、そこから質問をするということですね」

指南役 「ええか、営業というものは何のためにあるんや？　自分の生活のためか？　それも大事やけど、そのためやないわな。会社維持のためか？　もちろん違うわな。どこまでも、お客様のためや。お客様にこの商品やサービスを採用してもろたら、今よりもっと便利になる、快適になる、幸せになる、豊かになる、そういうことのために、我々は営業しているんや、それを『お役立ち』と言うんや。我々は、どこまでもお役立ちのために仕事をしているんや。だから、反論されても、決してテクニックで切り返して会話を続けようとするんやない。『お客様のためになる！』、この一途な気持ちで、そのために営業に行っているんや。どや、君とこの商品・サービスはお客様のためになるか？」

上司 「もちろんです！　私たちは、お客様の状況を事前に調べ、必ずやお客様のためになる、喜んでもらえると思って営業に行ってます！」

指南役 「そうか、それやったら大丈夫や！　自信をもって行ってこい！　反論されても、その気持ちで対処したらいいんや」

上司 「なんか、やる気が出てきました。お客様からの反論への対応の仕方もわかりましたし、がんばって行ってきます！」

指南役　「そうか、それはよかった。でも、あんまり張り切りすぎると空振りになるんで、気をつけや。ワッハッハー」

――地元の地主さんを訪問。

部下　「こんにちは、私、○○という土地活用の会社のものでご挨拶にお伺いしました」

地主さん　「あー、その話ならもう間に合っているから」

部下　「そうなんですね。何かありましたか？」

地主さん　「以前にも、聞いているから」

部下　「そうなんですか。そのお話、どう感じておられるのです？」

地主さん　「いや、どこも同じような話だよな」

部下　「だからなんですね。以前にも聞いておられたら、当然、そう思いますよね。なるほど、そういうことだったのですね。もちろん、それがどういう話かはわからないのですが、それでは、お客様にとって絶対にお役に立つ話ならどうですか？」

地主さん　「そんな話があるわけないだろ」

部下　「そう思いますよね。特に、営業に来られていたら、みんな同じ話じゃないかって。では、とりあえず、その情報だけを聞くとしたらどうでしょうか？　邪魔にはならないですよね。むしろ参考になると思いますが、どうでしょうか？　私どもも、この地域のことはしっかり調べて、必ずお役に立つと自信を持って来ていますので」

地主さん　「……」

部下　「それに、採用するとかしないとかは、どちらでもいいのです。お話だけでも、聞いておかれるとお役に立てる、そんな気持ちでやってきているのですが」

地主さん　「じゃあ、ちょっとだけだぞ。こっちに座って」

部下　「ありがとうございます」

――地元の自社ビルの企業を訪問。

部下　「失礼します。私、●●という会社のもので、土地活用の担当の方にご挨拶でございます」

受付　「そのお話なら、お断りするように言われています」
部下　「その話と申しますと……」
受付　「営業ですよね」
部下　「いいえ、営業ではございません。ご挨拶と少しお聞きしたいことがありまして」
受付　「そうなんですか。では、少々お待ちください。では、こちらにどうぞ」
部下　「ありがとうございます」

――担当者が出てくる。

担当者　「お待たせしました。私担当の△△課○○です」
部下　「ありがとうございます。私、●●という会社で土地活用の担当をさせていただいています。今日は少しお伺いしたいと思いまして。と言いますのも、御社の土地は非常に有効活用が可能だと思っておりまして、何か、ご活用のお考えはあるのでしょうか?」
担当者　「当社でも、いろいろと考えておりますので」

部下　「そうですよね。今はどのように？」

担当者　「しばらく前に他社からご提案をいただき、検討中です」

部下　「なるほど、そういうことだったのですね。なかなかお会いできなかったものでございますので。そのお話はどう感じておられるのですか？」

担当者　「一応、検討しています。他にもいろいろなところから聞いていますので」

部下　「そうなんですね。それでしたら、皆、同じ話じゃないかって思いますよね。では、現在のお話もあるとは思いますが、もし、御社にとって耳よりな情報なら、どうでしょうか？　○○様のお立場であれば、喜んでいただける内容だと思います。その情報を聞いておくだけで、今後の判断のためにもなるとしたら、どうでしょうか？　私どもも、この地域のことはしっかり調べて、お役に立つという自信を持ってやってきていますので」

担当者　「じゃ、ちょっとだけ聞かせてもらいましょうか」

部下　「ありがとうございます」

＊　＊　＊

上司　「いやっ、先生。すごいです」

指南役　「どうしたんや、息をきらして。ま、落ち着き」

上司　「うまく、うまくいきました」

指南役　「それはよかったな。で、なんでうまくいった?」

上司　「お客様がよくおっしゃる言葉に対して、こちらの質問や言うことを決めていたら『じゃあ、少しだけ聞かせてもらおうか?』ってなりました。あれほど最初の段階を突破するのに苦労していたのに、『えっ、本当?』ってくらいスムーズにいきました」

指南役　「よかったな。なんでスムーズにいったんや?」

上司　「実は、先生の反論対処を教わったあと、自分なりにお客様の反応をまとめてみました。すると、3つの段階に分かれているのがわかりました。

第1段階では、『以前にも聞いた』『その話やったらもういい』と言われます。そこですかさず、『えっ? そうなんですか、何かあったんですか?』『そうなんですか! どんな内容だったんですか?』と、**すぐさま共感+すぐさま「内容を聞く」質問**をします。

すると第2段階で、『話がうますぎる』と言われるので、『な〜るほど、そういうことだったんですね』と、思いっきり共感します。もう、いつもの2倍ぐらいの共感して、さらにすかさず『どう感じておられるのですか?』などと聞きます。つまり第2段階は、**2倍の共感+すぐさま「どのように感じているかを聞く」質問**をします。

最後の第3段階では、答えてくれた内容に対して、『なるほど、それはそうですね』『そのように思われるのは当然です』『なぜ、そのように言われるかがよくわかりました』と、共感の言葉を3つほど伝えてから、『じゃあ、もし間違いなくお役に立つ話ならどうでしょうか?』と、はじめてこちらの商品について質問します。つまり第3段階は、**共感の言葉3つ+すぐさまテストクロージングの質問**です。

この3段階を部下と何回も何回も練習したのです。営業マン役とお客様役で、何回もです。そうしているうちに、あることがわかってきました」

指南役　「ほーう。それはなんや?」

上司　「はい。実は、質問よりも共感が非常に重要だとわかったんです。それも何か言われたときに、オーバーアクションで共感を示す必要があったんですね。

だって、反論を思いっきり吸収する必要がありますからね。そして、その反論を共感で吸収したら、すぐ質問を繰り出すのです。つまり、質問のタイミングがいいと、思わずお客様が答えてくれることがわかりました。理屈がわかったからこそ、もう何回も練習をできるようになりました。最終的には、日常で別の仕事をしているときでも、部下に『以前にも聞いた』『その話ならもういい』と不意に言ったとき、共感できるか、質問ができるのか、3段階まで持ち込めるのかなどをテストしました」

指南役「それは、おもろいことやったな。でも、それでいいんや。特に反論には瞬時に対応できないと、向こうは閉じるからな。これは貝と一緒やな。少し隙間が空いたかと思うと、さっと閉じる」

上司「そういうことだったんですね。おかげで、本当によくなりました」

指南役「それはよかったな。ところで、きみは最初に『スランプ』と言っておったな」

上司「はい、そう言いました」

指南役「それを今振り返ってどう思う?」

上司「今回のことを通して、自分は営業を感覚でやっていたと思いました。だから、調子がいいときはいいのですが、悪いときは、どう立て直していけばいいかがわからない。部下を教えるときにも、どのように教えればいいかがわからなかったんです」

指南役「そうやな。それが今、どういうことがわかって、どうなった？」

上司「はい。営業には理論があるということがわかりました。そして、その理論とは、お客様を契約へと持っていくための理論や心理学ではなかったのです。お客様の気持ちを理解し、お客様の立場や状況を理解し、お客様の立場から一緒にどうすればいいかを考え、話し合うためのものだとわかりました。あくまでもお客様の気持ちを理解し、お役に立つための理論であり、心理学だったということです」

指南役「それがわかったら上等や！　大したもんや。今後はそれを肝に銘じて、しっかりやりや」

上司「わかりました。本当にありがとうございました」

――指導後、2ヶ月で受注。その後、コンスタントに受注をもらう。

部下　「本当に、上司にはお世話になりました。1年間受注がなかったから、かなり焦っていました。疑心暗鬼にもなり、相当落ち込んでいました。でも、上司から反論対処の方法や理論、そして我々がしなければいけないことは『お役立ち』なんだということを教わりました。そこであらためて身を引き締めていったら、上司が言う通りの会話の展開になりました。もう、驚きでした！　あれよあれよという間に話が進み、なんと1ヶ月で契約できたのです。

契約祝いの飲み会では、オイオイと泣いてしまいました。最初は1年ぶりの契約なので嬉しさがこみあげてきているのかと思っていましたが、違いました。私のために一所懸命励まし、教えてくれた上司の愛情を感じて、ただただ、ありがたくて泣けてきたのです。それと、もう一つは自分に対してです。諦めずによくやった！　って、この俺も捨てたもんじゃない、えらいぞなんて思えたら、さらに涙が出てきました。今は、心の底から意欲が湧いている感じです。これからももっとお役立ちできるようにがんばります」

上司　「本当によかったです。先生にはお世話になりました。長い間の壁がやっと突破できました。部下にとって、そして私にとっても長い1年でした。久しぶりに受注が取れた日に部下たちと祝杯をあげましたが、そこで部下が泣く姿を見て、思わず私ももらい泣きしてしまいました。昔は、営業の契約で部下と上司が一緒に泣くなんて、なんと甘っちょろいことかと思っていましたが、今はそう思わなくなりました。お互いが自分の人生という時間を使って、お客様のために一所懸命お話しする。それにお客様も応えてくれて、自分の大事な資産を投じてくれる。なんて素敵なことなんだと思えるようになったんです。そんな風に考えると、本当にお役立ちできたことへの喜びの涙なんですね。ひょっとして、お客様の建物が完成したときに、もう一度、泣いてしまうかもしれませんね。営業をしていて、営業を指導していて、こんなに晴れやかな気持ちになったのははじめてですね。

そういう意味でも、私の営業人生はやっとスタートラインに立てたのかもしれません。さあ、張り切って今日も行きますよ」

POINT

お客様から反論されたら

①すぐさま「共感」＋すぐさま「内容を聞く」質問

②2倍の「共感」＋すぐさま「どのように感じているかを聞く」質問

③共感の言葉3つ＋すぐさま「テストクロージング」の質問

Case4

広告営業

ゲーム業界の若いお客様との人間関係を築いて業績一番になった話

Case4

広告営業

Before

ゲーム業界の若いお客様と商談ができない。

After

アプローチトークで心から触れ合うことができて、受注が倍増！

「ニッチな業界ですが、気づけば業績で一番になっていました。二番手の5倍くらいを私ひとりであげています」

営業マン「いや、困っちゃうよな。若いゲーム開発者は無口な人が多くて、どう接すればいいのか……。黙ってこちらの話をただ聞いているだけで、何を考えているかわからない。最終的には『考えておきます』で終わってしまう……。先生が営業の問題を解決していただけるということで、ご相談に来たんですが」
指南役「どういうことや」
営業マン「実は私はゲームアプリの開発者に『広告を載せませんか』という営業をやっているのですが、この業界は20代の若いフリーランスの人が多くて。それに、ゲーム開発者はパソコンにばかり向かっているような人が多くて、話してくれないんです。だから何を考えているかがわからなくて」
指南役「わかった。そんなら、解決してみようか。まず、どんな風にやっているのか、聞かせてくれるか？」
営業マン「わかりました」

――20代の若手のゲーム開発者に面会。

営業マン「こんにちは！　私、●●会社の○○と申します。□□さん、いいゲームを開発されましたね。人気がありますよね」
開発者　「はあ」
営業マン　「今日はそんな□□さんのゲームに、ぜひ、私たちの会社を使って広告を載せていただきたくて。大きな収入にもなると思うんです」
開発者　「はあ」
営業マン　「……。ではさっそく、ご説明しましょうか」
開発者　「はあ」

広告の説明をする。

営業マン　「いかがでしたか」
開発者　「はあ」
営業マン　「ぜひ、進めていただければと思うのですが」
開発者　「はあ。また考えておきます」

＊　＊　＊

指南役　「なるほど。『はあ』としか言っとらんな」

営業マン「そうなんです。それも気の抜けた感じの『はあ』なんです。いったい、何を考えているのか、どう思っているのか、さっぱりわからないのです」
指南役「きみはどうしたらええと思う?」
営業マン「先生、それがわからないから、こうやって来ているんです」
指南役「そら、そうやな。ワッハッハー。じゃ、なんでしゃべってくれへんのやろか?」
営業マン「それは、話に興味がないからでしょう」
指南役「なるほど。本当にそうやろかな。じゃあ、質問を変えよう。きみがもし反対の立場だったら、しゃべるやろか?」
営業マン「たしかに……あまり話さないかもしれませんね」
指南役「なるほど。それはなんでや?」
営業マン「そりゃあ、営業に来た人間ですからね。やっぱり、営業マンは自分の売上を上げるために来ているという話しっぷりですからね」
指南役「なるほど。じゃあ、どういう人やったら話をする?」
営業マン「そうですね……やっぱり、私に興味を持った質問をしてくるような人には、つい話してしまうかもしれませんね」

指南役　「なんでや？」

営業マン　「それは、自分に興味を持ってくれたら嬉しいじゃないですか」

指南役　「なんで、興味持ってくれたら嬉しんやろか？」

営業マン　「なんで？　そらやっぱり、売上のことでなく、私のことですからね」

指南役　「ということは？」

営業マン　「そうですね。私に注目してくれている、私のことを大事に思ってくれているということがわかると、話すということですね」

指南役　「なるほど。じゃあ、相手に質問をしたら、その人はどうなる？」

営業マン　「相手が心を開いてくれる。口が滑らかになる。こちらにも好意を持ってくれる。コミュニケーションが弾む」

指南役　「ということは？」

営業マン　「当社のことをどう思っているかも多少聞ける。……待てよ。そういうことですね」

指南役　「何か気がついたか？」

営業マン「誰もが、自分に興味を持ってくれたら嬉しくて、心を開いて聞いてくれる。だから当社の話にもなる」

指南役「わかったようやな。そういうことなんや。じゃ、次の質問や。自分の何に興味を持ってくれたら、嬉しいかな?」

営業マン「やっぱり、自分が大事にしていることとか、一所懸命やっていること、夢中になっていることですかね」

指南役「きみやったら、なんや?」

営業マン「そうですね。仕事、趣味、子供のこと……待てよ。なるほど、そういうことか!」

指南役「どういうことや?」

営業マン「私が今、営業に行っている先は、20代のゲーム開発者です。彼らは学校を卒業してすぐにこの仕事に就いたり、勤めていた会社を辞めてこの仕事で一本立ちしています。ゲーム開発に対する強い思いがあるのですね。そうでなければ、わざわざ独立してまでやりませんものね。つまり、私は間違っていたんです! ゲーム開発者にとって大事なのは、ゲーム開発への思いであり、そんな自分の思いを理解してくれる人。収入も大事ですけど、もっと大事なのはそんな自分の思いをわかって応援してくれる人。無口で社交性がないのではなく、自分の思いをわかってくれない人とは話したくない……?」

指南役

「ほっー、ええとこに気づいたんちゃうか。ええか、人間は2つの部分を持っているんや。あることには一所懸命になる。あることにはそうなれない。ある人の前では多弁になる。ある人の前では無口になる。なぜや? それはその人の心の火が点火するかどうかや。ええか、人は誰でも、夢中になれるものを探し、それを見つけると一所懸命になる。そして、それを理解してくれる人には、一所懸命に話すんや。なぜなら、自分が生きている実感を感じるからや」

営業マン

「ということは、ゲーム開発者の人たちというのは、ほとんどがゲーム開発に対する思いがすごく強く、その気持ちを理解してくれる人には、思わず話をしてしまうということなんですね。安定した収入を捨ててまで独立するんですからね。その上、一日中家にこもって、パソコンの前でゲーム開発に明け暮れているんですからね。ひょっとして、誰よりも大きな野望を持っているかもしれないですね」

指南役　「そうや。そう思ったら、どのように尋ねていったらええ?」

営業マン　「……そうか！　『この仕事になぜ、就こうと思ったんですか?』、この質問ですね。何よりも先にこれを聞かないと。わかりました。これでいってみます！」

指南役　「そうか、わかったら何よりや。がんばって行ってきー」

――数日後。

営業マン　「先生、びっくりしました！」

指南役　「どうしたんや、興奮して」

営業マン　「すごいです！　先日訪ねた『はあ』しか言ってくれない20代のゲーム開発者を訪ねて、『なぜ、ゲーム開発の仕事をしようと思ったのですか?』って聞いたんです。そしたら、先日とは打って変わって、堰を切ったように話が溢れるように出てくるんです。びっくりしました。前回のイメージとはまったく違うんです」

指南役　「なるほど。それでどうなった?」

営業マン　「はい、私のところを使いたいと言われました。私は何も営業していないのに」
指南役　「まー、そういうもんや。よかったな。どういう話になったかを具体的に聞かせてくれるか？」
営業マン　「わかりました。実はこのようになりました」

――20代の若手ゲーム開発者に再び面会。

営業マン　「こんにちは！　先日お訪ねした●●会社の○○です。□□さん、先日は失礼しました。今日もお時間を取っていただきありがとうございます」
開発者　「はあ」
営業マン　「ところで□□さん、先日お聞きできなかったのですが、□さんはなぜ、ゲーム開発の仕事をしようと思ったのですか？」
開発者　「はあ？」
営業マン　「いや、独立してこの仕事をされるのはすごいなと思って。それまでのお勤めを辞めたと以前お聞きしていたので、退職するということは保証もなくなるわけですから、きっとそれ以上の強い思いがあるのだろうと思いましてね。なぜ、独立されたのか？　少しでも聞かせていただけたらと思いましてね」

開発者　「はあ。そうですね。実は、仰る通りいろいろ思いがありましてね」

営業マン　「やっぱり、そうなんですね。どんな思いなんですか？」

開発者　「実は、ぜひゲーム開発を成功させたいと思っているんです。僕はゲームに夢中の少年でした。勉強もスポーツもあまり興味がなく、成績もよくなかった。ほとんど目立たない少年、目立たない学生時代だったんです。でも、ゲームの世界では僕は少し有名だったんです」

営業マン　「そうなんですね。すごいじゃないですか。どれぐらい有名だったのですか？」

開発者　「たとえば、あるゲームの大会で表彰されたり。私を優秀者として舞台で紹介されたりするんです。そうすると、学校ではほとんど目立たない僕がその場ではいろいろな人から声をかけられる。それが、なんか嬉しくてね。『こんな自分でも、活躍できる場所があるんだ！』と居場所を見つけた気になって、少しずつ自信が持てるようになってきたんです」

営業マン　「そうですか。それで、どうなったのですか？」

開発者　「そうこうしているうちに、好きが高じて、いつしか自分がこの世界にどっぷりつかりたいという気持ちになったんです。それと、自分でもこんなに夢中になれるゲームをつくれないかと思い出したのです」

営業マン　「そうなんですか。それは、なぜですか？」

開発者　「まず、自分がゲームをつくることを仕事にしたいと思いました。そうすれば、24時間ゲームと関わっていることができる。これが何よりも嬉しい。そして、子どもの頃の僕が夢中になったように、僕がつくったゲームで今の子たちを夢中にさせて、ワクワクさせることができるかもしれない。ゲームで高得点を取れるようになれば自信が出てきますし、場合によってはヒーローになることもできる。そう思ったら、自分がどこまでできるか試したいという気持ちが出てきたんです」

営業マン　「なるほど。そうだったんですね。そういう□□さんの夢ってなんですか？」

開発者　「自分が散々ゲームをやってきたので、子どもたちがびっくりするような、子どもの創造性をかきたてるゲームを必ずつくって、全世界の子どもたちをワクワクさせたいと思っているんです」

営業マン　「そうなんですか。すごいですね。□□さんにはそんな歴史と夢があったんですね。どうりで□□さんのつくられるゲームはひと味違うなと思ってたんです。なんか、やっている間にワクワクするんです。今の★★というゲーム、あれも面白いですよ。私もはまっちゃいましたよ」

開発者　「あー、★★ですか。あのコンセプトは『突破』なんです。夢を見てやってきた少年が都会で挫折して落ち込んでいるときに協力者が現われ、そこで復活し、再び立ち向かってどんどん突破！　突破！　して成長していくっていうコンセプトなんですね」

営業マン　「どうりで、やっているうちにやる気が湧いてくるから、いいなって思っていたんですよ。そうですか。突破がコンセプトだったんですね。いいですね。いやー、□□さん、これからもいいゲームをつくって、全世界の子どもたちをワクワクさせてくださいね。私、□□さんを絶対応援しますんで。□□さんならきっとその夢、実現されると思いますね」

開発者　「ありがとうございます。そう言っていただければ、めっちゃ嬉しいです。それと、先日いただいたお話なんですが……」

営業マン　「はい」

開発者　「進めていきたいと思うのですが」

営業マン　「えっ！　本当ですか。本当にいいんですか⁉」

開発者　「ええ。〇〇さんだったら、私のことをよくわかっていただいているようですし、すべてお任せします。よろしくお願いします」

営業マン　「わかりました。じゃあ、□□さんの後押しになるように一所懸命させていただきますね。これから、よろしくお願いします」

開発者　「こちらこそ、よろしくお願いします」

＊　＊　＊

指南役　「なるほど。素晴らしいできやったな。この中に、うまくいった秘訣がちりばめられているんやけど、それがわかるか？」

営業マン　「『なぜ、ゲーム開発の仕事をしようと思ったのですか？』の質問ではないですか？」

指南役　「もちろん、それが大きい。でも、それだけじゃないぞ」

営業マン　「そうですか。ぜひ、今後のためにも教えていただきたいです」

指南役　「自分でやっていて、わからんのやな。まー、皆そんなもんや。あのな、まず、

営業マン　最初の『なぜ、ゲーム開発の仕事をしようと思ったのですか？』から、相手はよくしゃべるようになっているな。なぜだと思う？」
指南役　「そこから興味が湧いて、いろいろと聞いたからですか？」
営業マン　「そうやな。いろいろ聞いたな。どうやって聞いた？」
指南役　「どうやって、といいますと……その都度、質問をしました」
営業マン　「そうや。どれぐらいしたかな？」
指南役　「うーん……『なぜ？』とか『どんな？』『どれぐらい？』『どうなった？』などですね」
営業マン　「そうや、きみは質問を7回してたぞ（82〜84ページ——部分）。その質問によって、問題はきみがどのようになったか？　ということや」
指南役　「はい。相手の方の考えていることや思い、そして昔のこと、今後のことなどいろいろとわかるようになりました」
営業マン　「どれくらい、わかるようになった？」
指南役　「はい、相手の方の過去の場面がイメージできるようになったし、その人の生き方や考え方がわかるようになりました」

指南役　「そうや。まるで、相手の人生がきみの頭の中のスクリーンに映し出されたような、まるで、映画を見ているような感じで話を聞けたんちゃうか？」

営業マン　「そうでした。不思議な感覚でした。本当にわずかな時間でしたが、過去の話では、相手の方の人生を一緒に歩んだような感じでした。子どもの頃や学生時代の話では、学校での控えめな姿に、私も小さくなるような気持ちでした。その彼がゲームの世界で有名になって舞台で表彰されたときには、私も一緒に表彰されたように思えてすごく嬉しかったです。舞台を降りたらいろんな人が挨拶に来たことを聞いて、自分も誇らしい気持ちでした」

指南役　「つまり、それはどういうことや？」

営業マン　「自分が相手と一緒に人生を振り返り、追体験しているということですか？」

指南役　「その通りや。なぜできたんや？」

営業マン　「私が質問したからですか？」

指南役　「その通り。つまり、きみは『質問』を通して、相手の世界に入り込んだんや。質問とはな、能動的なものや。単に話を聞くという受け身なものではない。質問は、自分が興味を持って聞きに行き、自らをその世界に入り込ませる、非常に能動的なものなんや。言葉を変えれば、質問した以上はしっかり聞いて、責任を取っている、とも言えるな。きみは普通に聞く場合の2倍も3倍も相手の話を積極的に聞くことになった。だから、相手の話からイメージを浮かべ、相手の気持ちまで感じることができたんや」

営業マン「先生、すごいですね。私にそんな能力があるんですか？」

指南役「この能力は誰にでもあるんや。問題はそのような状況をつくることができるかどうかや。それが『質問』することで、できるようになるんや」

営業マン「そうですか。『質問』ってすごいんですね。興奮してきました」

指南役「そうなんや。その効果を知ると意味がわかり、しっかりと使えるようになる。つまり、具体的なイメージを描けるように、質問を効果的に使えるようになるということや」

営業マン「すごいです！　そういうことだったんですね」

指南役「それだけじゃない。きみは相手の気持ちを倍増させている。どのようにしてやと思う？」

営業マン「ひょっとして、『共感』ですか？」

指南役　「その通り。きみは、相手のひと言に対して、必ず共感の反応をしていた。8回もしてたで（82～85ページ……部分）。この共感こそが、相手の言葉を肯定的に捉え、さらに心を開かせ、心の内を聞かせてもらえる方法なんだ」

営業マン　「そうなんですね。共感というのは大事なんですね」

指南役　「大事というレベルやない。共感はコミュニケーションの生命線やで」

営業マン　「生命線ですか？」

指南役　「そうや。コミュニケーションが盛り上がるかどうかは、実は質問ではない。この共感なんや」

営業マン　「なぜですか？」

指南役　「なぜやと思う？」

営業マン　「共感で相手のことを認めると、話がつながっていくからですかね」

指南役　「たしかにその意味もある。ただ、もっと正確に言えば『一体化』や。相手に寄り添い、相手の気持ちになって、相手の人生を一緒に体験するからや。だから共感が深ければ深いほど、相手の気持ちになり、相手の世界に入っていく。没入していくと言ってもいいだろう」

営業マン　「共感って、すごいんですね。単なる返事ではないんですね」

指南役　「そういうことや。つまり、きみは『質問』と『共感』によって、完全に相手と一体化し、相手の人生を追体験し、感覚的にも味わうようになるんや。そうすると、どうなるやろか?」

営業マン　「そうですね。相手のことを自分ごとに感じて、なんとかしたいと思うようになる」

指南役　「その通り。もはや、営業マンの立場ではないんや。自分のことのように感じ、なんとかしたいと思うようになるんや。それをなんと言うんや?」

営業マン　「お役立ちですか?」

指南役　「その通り。けどな、この『お役立ち』はそんじょそこらのお役立ちとは違うで。自分ごとと感じたお役立ちや。もう、自分のことと同じなんや。それが相手に伝わり、相手も嬉しく思うんや」

営業マン　「そういうことだったんですね。それで最後の『私、□□さんを絶対応援しますんで。□□さんならきっとその夢、実現されると思いますね』の言葉には力が入り、私、なんか泣きそうになりました。まるで、自分のことに感じていたんですね」

指南役　「そういうことや。『質問』と『共感』によって、きみは相手になる。これを心理学上はラポールと言っている。つまり、一体化ということや。わしは『ゾーン営業』と言っているんや」

営業マン　「まるで、短時間に相手と知り合い、相手と人生を分かち合い、わかり合い、自分ができることで手助けする。先生、営業って素晴らしい職業なんですね。私、今、涙が出てきました。なんなのでしょうか、この涙は」

指南役　「きみは営業の神髄をつかんだんや。その意味がわかったんや。それも自分の体験を通して。これをパラダイムシフトというんや。今まで持っていたきみの営業に対する考え方や価値観が、完全に変わったんや。この涙は、今までの考え方や価値観が溶けて流れたものや。きみの営業はこれから新しい価値観を持って、生まれ変わるんや。我々は100%お客様のため、出会った人の手助けをするために営業をしている、という価値観に。これを心に刻みつけるんや。ええか、これこそが『お役立ち』の神髄やで」

営業マン　「はい」

営業マン

＊　＊　＊

「あの経験と先生との話し合い以来、私の営業はまったく変わってしまいました。営業というより、貢献活動というスタンスになりました。出会う人との関係も、営業マンとお客様という関係ではなくなり、まるで同志に会いに行くような感覚です。その人の人生と思いを聞き、私自身も語り、旧友との親交を温めるような感覚になりました。心から応援したいという気持ちになります。もちろん、私は広告によってお手伝いをしていますが、どちらかというと、互いが知り合うことで自らの仕事に拍車がかかるような感じですね。

そういう意味でも、私のお客様の中に活躍する方がどんどん出はじめましたね。そうそう、先日はあるお客様のつくったゲームが、ある自治体から依頼を受けて、特命大使となったのです。お客様のゲームが、自治体の活動を広める一躍を買ってくれるゲームだと認められたということです。それと、なんと、世界に出ていった人もいます。自分のつくったアプリが全世界の大会で選ばれて表彰されたという方もいるんですよ。すごいと思いませんか。自宅でのアプリづくりから、日本を飛び越えて世界に羽ばたくことができる時代でもあるんです。そういう方々を単に広告でサポートさせていただいただけなのに、私の名前も有名になっちゃって、広告のことなら私に会ったほうがいいという噂が広まったりして、紹介もどんどん広がりました。気づけば、ニッチな業界ではありますが、業績では一番になってしまいました。二番手の5倍ぐらいを私ひとりであげるくらいになっています。

でも、それより嬉しいのは、そのアプリに触れて、子どもたちが元気になることと、自分の可能性を感じること。そして、その思いを持っていた私のお客様がつくり上げたアプリによって、小さな一室から表舞台の大きな社会に飛び出していくことです。

私は営業マンとしての視座が変わりました。私は、社会がよりよくなる活動の一端を担うことができているんだと思うと、なんていうか、心の内からやる気が湧き上がってくるんです。『あー、本当に嬉しいな。この仕事を通して、人に多少なりとも貢献できて、喜ばれて、一緒に喜んで、本当にありがたいなー』なんて気持ちになると、また、じわっと涙が出てくるんですね。なんだか、あのとき以来、涙もろくなりました。本当によかったです。これからも、

指南役

営業を通して、もっともっと周りの人へのお役立ちができたらと思っています」

「よかったな。また、営業の極意をつかんだ人間がひとり生まれたようやな。極意をつかむと、世界がまったく変わってくる。ま、見えないものが見えるようになるということや。変な話やないで。つまり、お客様の心が見えだして、どのようにしてあげたらいいかがわかりだすということや。でも、何もマジシャンになることやないで。『質問』と『共感』を使って、『お役立ちに徹する』ということや。そうすると、素晴らしい世界が待っているんや。営業が貢献になり、アドバイザーになり、そして、間違いなく、喜ばれる人になる。ひとりでも多くの人がこの境地になってほしいわ。そのためにがんばるわ。ほんまやで。ワッハッハー」

POINT

質問とは、自分が興味を持って聞きに行き、自らをその世界に入り込ませる能動的なもの。

受動的に聞く場合の2倍も3倍も積極的に聞くことになる。イメージを浮かべ、相手の気持ちまで感じることができる。

Case5

医療サービス営業

お客様の欲求や課題を引き出し、全国に紹介が広がった話

Case5

医療サービス営業

Before

自社の商品・サービスを説明して、「いかがですか？」と言うだけ。

After

お客様が課題を認識し、その解決に自ら乗り出すようになった。

「自分の仕事にこれほど幸せを感じたことはありません。今では、ご紹介もいただけて、とにかく嬉しいのです」

営業マン「先生のお話はポッドキャストの番組でお聞きしていました。営業をめっちゃ楽しく話しておられる様子に、私もそのように営業をやりたいと思ってきました。もちろん、本も読ませていただきました」

指南役「そら、光栄や。わしの番組はなんか人気あるらしいな。ワッハッハー。ほんで、どんな相談や」

営業マン「はい。私の仕事は各企業に産業医を紹介する仕事なんですが、なにせ、新規事業として立ち上げたもので、どう営業すればいいかがわからないのです。ですから、ぜひ指南していただきたくて」

指南役「なるほど。どういう具合や」

営業マン「はい。先生の言われるように、人間関係は構築できるようになりましたが、その後がうまくいきません」

指南役「なるほど。具体的にどんな感じか教えてくれるか」

営業マン「わかりました」

――お客様の企業の担当者を訪問。

営業マン　「○○様、いろいろ聞かせていただきありがとうございます。さて、そういう中で、産業医についての取り組みはどうなんでしょうか？」

担当者　「いろいろ考えたいと思っていて、きみの話に少し興味があるんですが、いったいどのような提案ですか？」

営業マン　「そうですか。ありがとうございます。では、その部分をカタログでお話しさせていただきますね。実は……」

カタログを出して、15分ほど説明。

担当者　「話はよくわかりました」

営業マン　「いかがですか？」

担当者　「いいとは思うね。でも、少し考えさせてくれる？」

営業マン　「わかりました。じゃあ、よろしくお願いします」

＊　＊　＊

営業マン　「という具合です。どうしてもこのようになってしまいます」

指南役　「なるほど。どうしても、商品の話をしてしまうということなんかな？」

営業マン　「そうなんです」
指南役　「これって、なぜやと思う?」
営業マン　「やはり『御社はどのような提案ですか?』と聞かれると、話さなくてはいけないと思い、話し続けてしまうところですかね」
指南役　「わかっているやんか。じゃ、なぜ話してしまうんやろな?」
営業マン　「それはお客様が商品について聞かれるからですね」
指南役　「そやな。けど、それが決定的な間違いなんや。ええか。きみは何をしに行っているんや。お客様のお役立ちに行ってるんか? それとも売りに行ってるんか?」
営業マン　「もちろん、役立ちに行っています」
指南役　「なるほど。でも、現実は違うな。きみは売りに行っているんや」
営業マン　「えっ、なぜなんですか? 私は役立ちたいと思って行っていますけど」
指南役　「ほーう。そうか。そしたら、なぜ、お客様にすぐ商品の説明するんや」
営業マン　「それは、お客様が説明してくれと言われたからです」
指南役　「ほら、そこや。お客様がいくら説明してと言っても、きみはお客様の現状を何もわかってへん。まして、どんなところに困っているのかもわからへんのに、どうやって説明するんや」

営業マン「でも……お客様が商品の説明を求めているから」

指南役「だから、商品を売りに行っていると言っているんや。きみは、お客様のことを本当にわかっているか？　お客様の現状、欲求。そこにおける課題、それを今までどのように解決しようとしていたのか。それでどの程度解決したのか。きみ、本当にわかって提案したか？」

営業マン「それは……。そうではないです」

指南役「ほら、みてみ。だから、物売りやと言うんや」

営業マン「じゃあ、どうしたらいいですか？」

指南役「今、言ったやないか。思い出してみ」

営業マン「……そうか！　お客様の現状から、欲求、課題、解決策を聞く質問ですか？」

指南役「そうや。きみはお客様の『御社はどのような提案ですか？』という言葉にまんまと乗ってしもたんや。この言葉に乗ったと同時に、きみは物売りに成り下がったんや。お客様のことをなんにもわからんのに、平気で自分の商品・サービスのことをのうのうとしゃべったんや。これを物売りと言わずになんと言うんや。ええか、ここが運命の分かれ道や。ここできみがどういう言葉を使うかで、物売りで終わるか、お客様の専門アドバイザーになるかが決まるんや」

営業マン「……なるほど。じゃあ、そこでどんなことを言えばいいのですか？」

指南役「それは、自分で考えてみいや」

営業マン「自分で、ですか……。そうか！　先生がいつも言われている『その前に、よりお役に立ちたいので、少し御社のことを聞かせてもらえますか？』ですか？」

指南役「そや！　その質問や。この質問で、お客様は『この人は、当社や自分のことを真剣に考えてくれそうだ。よさそうな営業マンだ』と思って、質問に答えてくれるんや。ただ、気をゆるめたらあかん。ここからしっかり現状、欲求、課題、解決策と聞いていかなあかん。これを聞くときに大事なことは何かわかるか？」

営業マン「大事なこと？　それは、お客様の言われることを真剣に、具体的に聞くということですか？」

指南役　「それじゃあ、まだ足らんな。ええか、真剣に具体的に聞くというのは、営業マンの立場の話や。もっと重要なことがあるんや。それはな、お客様の立場や。ええか。お客様は会社を発展させたいと思っているはずや。きみの話を聞こうとしていることがその証拠や。そこで大事なことはなんや？」

営業マン　「お客様が会社や自分の分野について、どのようにしたいと思っているかを引き出すことですか？」

指南役　「その通りや。お客様から、まず現状をしっかり聞いて、どうしたいのか欲求を聞く。いつから思っていたのかも聞かなあかんな。次はそれを実現する際に立ちはだかる課題やな。いくつかあるかもしれん。その中でも重要なのは『最大の課題』や。それが解決すれば、他の課題など大したことはないからや。それをしっかり聞かなあかん。実はな、お客様はそれに気がついていないかもしれん。また、なんとなく気がついてはいるものの、どうしたらいいかわからなくて、ほったらかしにしているかもしれん。それを吐き出してもらうんや。だから、ここは厳しく迫らないとあかんで。言葉で言うと『直面』や。直面して吐露させるんや。吐露したら『ここがやはり最大の課題ですね』と言ってやるんや。営業のきみは『最大の課題、見つけたり！』という気持ちで、『そこなんですね！』と言わなあかんな」

営業マン　「それくらい突き詰めるんですね」

指南役　「まだまだ、いくで。次は『じゃあ、その解決のためにどのようなことをやってきたのですか？』『その解決のためにどのようなことをやっているのですか？』と聞くんや。これが解決策を聞くということや。そこでお客様が『〜〜をやっている』と言ったら、『それで解決していますか？』と聞くんや。重要なのは、解決しないままでいるのは間違いないってことや。解決してたら、きみの話を聞いてないわ。解決していないからこそ、きみの話に興味を持って話を聞こうとしている。だから、ここは自信を持って堂々と聞いたらええ。相手はきっと口ごもるな。きみはそこでもう一度言うんや。『それで、いいんですか？』と。ついにお客様は『それではあかんな』とポツリと言うだろう。このときのお客様の心境は、『やっぱり、この課題をずっとほったらかしにしていたことがダメなんだ』。そこで、さらにきみは『じゃあ、やっぱり、この課題の解決ですね』と確定させる。もちろん、お客様が『何もやっていない』と言った場合も同じや。『それで、いいんですか？』『やっぱり、この課題の解決ですね』とな」

営業マン　「しびれますね」

指南役　「ええか。これこそが、営業マンの誇りなんや。営業マンが専門アドバイザーとして昇華した姿なんや。わしはすべての営業マンにこうなって欲しいと思っているんや。まず、目の前のきみがならんとな」

営業マン　「わかりました。その話の運びで、商談をしていきます。ちょうど今日から数日、面会がありますので、これでやっていきます」

指南役　「そうか。頼んだで」

営業マン　「わかりました」

――お客様の企業の担当者を訪問。

営業マン　「○○様、いろいろ聞かせていただき、ありがとうございます。さて、そういう中で、現在のお仕事の状況はいかがですか？」

担当者　「まあ、少しずつ伸びているけど、さらに今年は伸ばすように言われているんだ」

営業マン 「そうなんですね。素晴らしいですね。ではそういう中で、産業医への取り組みに対してはどういう状況ですか？」

担当者 「会社を伸ばす方向で行くとさらに忙しくなるので、働いている人の健康に気をつけないといけないだろうから、いろいろ考えたいと思っているんだ。だから、きみの話には少し興味があるんだけど、いったいどのような提案かな？」

営業マン 「そうですか。ありがとうございます。その前に、よりお客様のお役に立ちたいので、少し御社のことを聞かせてもらえますか？」

担当者 「いいよ」

営業マン 「まず、先ほどのお話で会社を伸ばしていかれるということでしたが、その中で産業医についてはどのようにお考えなんですか？」

担当者 「実は、そもそも、産業医自体のことがあまりよくわかっていないんだ。だから、何をやっていいかがわからなくて」

営業マン 「そうなんですか。すでに産業医は雇っておられますよね？」

担当者 「実は、法律で義務づけられているから入れているという状況で、恥ずかしい話だけど、うまく活用できていないように思うんだ」

営業マン　「そうなんですね。わかりました。では、そのことをまずはしっかりお話ししますね。そもそも、産業医とは……」

担当者　「なるほど、そういうことなんだ。いや、重要性がよくわかったよ」

営業マン　「では、産業医の現状はどんな感じなのですか？」

担当者　「そうだな。その意味では……だよね」

営業マン　「なるほど。じゃあ、そういう中で産業医に対しては、何を期待されますか？」

担当者　「そうだな。今後のことを考えると、やはり産業医の方には、……の役割を、ぜひやってもらわないといけないね」

営業マン　「なるほど。では、その役割を産業医の方に担ってもらうには、どのような課題があるのですか？」

担当者　「そうだな。そう考えると、まず……があるね。それから……もある。あと……という課題もあるな」

営業マン　「なるほど。では、そういう中で、一番の課題は何ですか？」

担当者　「そうだね。やはり……だよね」

営業マン「なるほど、そこなんですね。じゃあ、その解決のために今までどのようなことをやっておられたのですか？」
担当者「あまり大したことはやってないんだけど、やっていたのは……だね」
営業マン「なるほど。それで、解決したのですか？」
担当者「それがね、なかなか難しいよ」
営業マン「なるほど。じゃあ、そのままでいいですか？」
担当者「いや、それはだめだな」
営業マン「では、どうしますか？」
担当者「なんとか、解決したいね」
営業マン「それを解決できる方法があれば、どうですか？」
担当者「ほんとうかよ。それは、ぜひ教えて欲しいな」
営業マン「わかりました」

＊　＊　＊

営業マン「先生、やりました！」
指南役「おお、そうか。どんなことになった？」

営業マン　「先生がおっしゃった通りに進めていくと、まさに素晴らしい状況になりました。お客様自身が『なんとか解決したい』という姿勢を持って、私のサービスについて聞かれたんです。ですから、感動的な説明ができたんです。クロージングもスムーズで、その上、ご契約いただけただけでなく、全国へ広がりそうな紹介までいただけました。『直面』してもらうことによって、課題の発見とその解決について、真剣に考えていただけたのです」

指南役　「ほーっ。それができたか。それはすごいぞ」

営業マン　「そう言ってもらえると嬉しいです。実は今回の件で、2つのことがわかりました。この2つが、営業には必要だったと言うのが正しいかもしれません」

指南役　「そうか。それはなんや？」

営業マン　「はい。ひとつ目は、営業の面会では私が課題の解決に乗り出すのではなく、『お客様が課題の解決に乗り出す必要がある』ということです。2つ目は、そこに行きつかせるためには、とにかく話に『集中する』『集中してもらう』ことが重要だということです」

指南役　「ほーっ。すごいじゃないか。ひとつ目から具体的に聞かせてもらえるか？」

営業マン

「はい。私は今まで大きな間違いをしていました。ひょっとすると、この決定的な間違いを多くの営業マンがやっているかもしれません。それは、『営業の役割は、お客様の手助けをすることにある』ということです。私は営業の役割はお客様の手助けだと思ってやってきました。これは間違いではありません。ただ、手を差し伸べ、一緒に解決策を導き出すと言いながら、実際はこちらが先に課題やその解決に乗り出し、自社のサービスの話へと進めていたのです。やはり、売りたいという気持ちが前に出ていたのですね。その瞬間に、お客様は自らの課題の解決に乗り出し損ねてしまいます。重要なのは、「お客様が解決に乗り出す」のか、「営業マンが解決に乗り出す」のかです。営業マンが解決に乗り出すと、どこかでお客様は他人ごとになります。その状態でサービスを導入したとしても、課題を解決しようという意思が弱くなります。だから、サービスの活用が自然に弱くなるのです。反対に、自ら課題を発見し、お客様がその解決に乗り出そうという気持ちになったときには、自らが課題を解決しようという意思をはっきり持っています。ですから、サービスを導入した後の活用度合いがまったく違うのです。お客様は熱心に粘り強く活用し、そして、間違いなく成果をあげるのです。つまり、『営業の役割は、お客様が自ら解決に乗り出す手助けをすることにある』ということです」

指南役「おいおい、すごいことに気がついたな。まさにその通りだな。2つ目は？」

営業マン「はい。2つ目は、お客様自身が課題を発見し、自ら解決に乗り出すためには、とにかく話に『集中する』『集中してもらう』ことです。と言うのも、『最大の課題』とは、『またそのうちに』『後で考えよう』『時間ができたらやろう』と、物事を遅らせることなのだと気づいたんです。私たちは、考えを煮詰めることや、課題を発見することを怖がります。なぜなら、新たな行動に出なくてはいけなくなるからです。新たな行動を起こすには、大きなパワーが要ります。だから、結論を出すことを遅らせるのです。それこそが私たちの最大の課題だとわかったのです」

指南役「なるほど。そしたらどうするんや？」

営業マン「はい。ですから、面会ではそれをやめてもらうことです。そこから逃げないようにする。そのためには、とにかく話を集中してもらうことだとわかったのです。

営業の私にとっても、お客様の話に集中してそのことだけを考えれば、売上を上げたいといった雑念がなくなります。営業である以上、売上を常に頭に入れておくことは必要です。ただ、お客様の前ではそれは関係ありません。売上に関係なく、いかにお客様側に立って一緒に考え、相談に乗るかなのです。そういう心の状態、つまり『境地』に立つことが必要だとわかったのです。そして、そのためにはとにかく話に『集中する』『集中してもらう』ことが必要だったのです」

指南役「おお。なんか、つかんだ感覚やな。きみ、営業の極意というものをわかってきたようやな。こうやって言葉で表現することが、普通はなかなかできへんねんけど、見事に解説してくれたな。これから、どんどん同じようなことが起こるで」

営業マン「実は、すでに他の面会でも同じようなことが起こり、担当の方がすごく喜んでくださり、すでにそちらでも紹介をしていただきました」

指南役「そうか、もう起こってるか。まだまだ起こるし、仕事がおもしろうなってくるで。なぜやと思う？」

営業マン「私が実際に体験したからですか?」

指南役「そうや。仕事の醍醐味を知ったんや。つまりな、仕事とは貢献だとわかったんや。貢献してすごく喜んでもらって、なおかつ費用までいただける。こんな楽しいこと、ないからな」

営業マン「先生が言っておられることが、よくわかりました。しかし、あの面会以来、何度となく、お客様がどんな人でどんな状況であろうと、やはり同じような流れになるのが不思議です。なぜですかね」

指南役「きみはどう思うんや?」

営業マン「やはり、一番初めの面会が強烈でしたね。今までの営業に対する価値観が変わりましたから。私の営業のイメージがガラガラと音を立てて崩れて……まるでパラダイムシフトが起こったようでした」

指南役「その通りや。営業マンが変わるためには、真の営業体験がいるんや。それは、何回もしていくうちにつかむというのではなく、たった1回の強烈な体験なんや。その1回はまるでハンマーで頭をどつかれるようなもので、あまりの衝撃に涙が出るかもしれんな。あまりにも今までと違う体験や。これが現実に起こるかどうかや。お客様が喜んで、感謝してくれて、人を紹介してくれる。買ってくれてお金ももらえる。とにかく嬉しくて気分がいいんや。だから、また再現したくなる。そして、そのときのことが鮮明に焼きついているから、また再現できる。『あれは、たまたまやなかったんや』とわかって、またできると信じられるようになる。そうすると、頭の中でそのイメージが固定されて、どんどん当たり前になる。結果、どんな人やどんな状況であろうと、自分のイメージの世界に引き込めるようになり、同じような営業と契約ができるようになるんや。わしはこれを『ゾーン営業』と呼んでるんや。わかるか?」

営業マン　「めっちゃ、わかります。まさに、それがこの数日間で起こっているんです。話を聞いていて、興奮して涙が出てきました。おー! 俺はついに、この感覚を体験できたんや、という気持ちです」

指南役　「でもな、言うとくで。これは誰にでもできることなんや。そのためには、きみが体験したような、本当にお客様に喜ばれるような強烈な営業を1回体験することや。パラダイムシフトが起こるような営業や。そして、それを体験できる条件は、まず営業の2つの原理原則である『人は思った通りにしか動かない』『営業はお役立ち』ということを徹底的に頭に叩き込むこと。そして、『好意－質問－共感』でコミュニケーションをとり、『現状－欲求・課題－解決策』の段階で質問を深めること。それを実現する『トークスクリプト』をつくり上げること。そして、それを何回も何回もロープレを重ねて、口から滑らかに出るようにすることや。どうや、きみもやったのと違うか？」

営業マン　「もちろんです。特にロープレは、相手がいない場合でもひとりで何回も何回も、スマホに録画して繰り返し練習しました」

指南役　「だから、その1回を体験できたというわけや。そしたら、今はどんなことになっているんや」

営業マン　「はい。今、そのはじめての面会から、1週間たつんですが、興奮が冷めやらないという感じです。夜も興奮して寝付けないのです。早く、朝になれ、そして、営業に行きたいという感じです。だから、すぐに目が覚めます。実際、その後の面会でも同じような状況が起こりますし、お客様と一体化すると、なんだか嬉しくて涙が溢れてくるんです。自分の感覚がおかしくなったのかと思うほどです。道路に咲いている小さな花がとても美しく見え、公園で遊ぶ子どもの笑い声に幸せを感じたり、いったい私はどうなってしまったんだという気持ちです。

考えてみると、自分のやっていることにこれほど幸せを感じたことは今まで本当にありませんでした。今は、仕事を通して喜びの声を聞け、ご紹介までいただけて、とにかく嬉しいのです。この気持ちで、ひとりでも多くの人に貢献したい。そして、仲間にもこの営業を知ってほしいと思います」

指南役　「それはよかったな」

営業マン　「先生、それともうひとつあるんです。家族がものすごく愛おしくなりました。自分の息子と娘たちがもう、こんなにもかわいいのかと。そして、妻に対して深い愛情を感じるようになりました。両親もとても愛しく思えるようになったのです。ですから家族がすごく仲よくなりました。もう、営業から人生が変わったようです」

指南役　「よっしゃ。ええやろ。そんなら、その営業で人々をもっともっと幸せにすることや。貢献して人生を謳歌することや」

営業マン　「はい。わかりました。ありがとうございました」

POINT

お客様のことを本当にわかっているか？　お客様の現状と、欲求や課題。それを今までどのように解決しようとしていたのか。それでどの程度解決したのか。

それらをわかって提案しているか？

Case6

ブライダル営業

価値を提案できるようになって、低迷部門を復活させた話

Case6

ブライダル営業（ウエディングプランナー）

Before

トップ営業から、時代の変化とともに業績が急激に低下し、まったく伸びず。

After

価値を提案し、トップ営業へと復活。さらに営業方法を部下に指導し、低迷部門を復活させる

「質問型営業で業績が悪くなり、悩んでいたのですが、あるときからうまくいきはじめました。今はそれを伝えたくて、指導しています」

Case6 ブライダル営業
価値を提案できるようになって、低迷部門を復活させた話

営業マン「時代が進んで、ブライダル業界も大きく変わってきている。結婚式の数は減っているのに、結婚式場の数は増えているという現状。当社も今の若い人たちに気に入ってもらえるような建物、内装、食事などを整えてきたが、とにかく競争が激しい。それに伴って売上も降下。当社の店舗も私自身の成績も、トップの業績を保っていたのに。それに無理に話を進めると、あとで強引に進められたとクレームにもなる。いったい、この先どうしたらいいんだろう」

社長「以前、『質問型営業』という本を読んだ。お役立ちの姿勢を持って質問をしていくと、お客様が自らの欲求に気がついて、自ら購入してくれるようになるというもの。よし、これを導入して、業績アップをめざしていこう」

――質問型営業導入から1ヶ月。6人の営業のうち1人との会話。

指南役「どうしたんや。浮かぬ顔してるな。なんでも思うこと言うたらええで」

営業マン「はぁ……」

指南役「はっきりせんな。なんでも言うてくれたらええがな」

営業マン「そうですか。そしたら、言わしてもらいます。正直言って、質問型営業とい

う営業法に変えて、前より業績が落ちました」

指南役　「そうか、それは大変やな」

営業マン　「そうです。前よりさらに悪くなって、今は営業10人中、ブービーの9位です。前はトップだったのに。その頃は質問をするよりも、まずは結婚式場を見てもらって、カタログをバーっと広げて『この式場いいでしょう』と説明してたんですけどね」

指南役　「まあ、まあ、落ち着いて。君の気持ちはわかるで。でも、その営業で行き詰まってたんやろ」

営業マン　「それはそうですけど」

指南役　「そらしんどいな。ワッハッハー」

営業マン　「笑いごとじゃないです！」

指南役　「すまんすまん、そらそうや。最近どんな感じなのか、話してみて」

――結婚式場で会場を案内した後、式のプランを新郎新婦と考える。

営業マン　「当社の式場はいかがでしたか？」

新婦　「とても素敵でした。広々としていて、華やかで」
営業マン　「ありがとうございます。ところで、なぜ、当社の式場に来てくださったのですか？」
新婦　「結婚式を紹介する雑誌に載っていたからです」
営業マン　「そうですか。ありがとうございます。どのような結婚式をお望みですか？」
新婦　「私たちはきれいな建物で、楽しいプランをつくってくれるところがいいんです」
営業マン　「なるほど、そうですか。いろいろプランはありますよ。これなどいかがですか？」
新郎　「なるほど、まずまずですね。2人でよく考えて、お返事します」
営業マン　「そうですか。わかりました」

＊　＊　＊

営業マン　「質問をすると、ほとんどがこのようになります」
指南役　「なるほど。この、きみの質問どう思う？」
営業マン　「質問形式でやっていますが、うまくいかないんです」

指南役　「なるほど。きみは、研修で習った通りにやれているかな？」

営業マン　「うーん……。習った通りには、いっていないところもあります」

指南役　「それはどこや？」

営業マン　「はい。新郎新婦の本当の思いを聞く質問です」

指南役　「なるほど。わかってるやん。きみはどのような質問をしているんや？」

営業マン　「『なぜ、当社の式場に来てくださったのですか？』ということを聞いています」

指南役　「なるほど。そうするとどうなるんや？」

営業マン　「結婚式の雑誌を見て来たと言われることが多く、式場の内容を重視している感じなので、どうしても、内容を説明してしまうのです」

指南役　「なるほど、それはきみだけやないんやで。あらゆる営業マンが、それで悩んでいるんや。訪問する営業でも、アポを取って、座らせてもらったとたん、お客様に『それで用件は何？』と言われて、すぐにカタログを出して説明してしまう。きみと同じような来店型の車やモデルハウスなどの営業なら、もっとひどいで。お客様は目的を持ってこられるから、すぐさま車の性能や家の特徴の話になって、最後にカタログを渡して終わる。どちらも、話はそこそこにしか聞かれず、気がついたら話が終わってしまうんや。だから、それを脱するための質問やわな。そこでどのように入っていったらええということやった？」

営業マン「はい。まず、新郎新婦お2人の結婚式への思いを聞く質問をしたらいいと言われました」

指南役「ようわかっているやないか。それはなぜやった？」

営業マン「はい。お2人の最初のセレモニーであり、門出への思いを聞くことで、その思いを軸に素晴らしい結婚式をプランできるからです」

指南役「そこまでわかってたら、そのために質問をしたらいいんと違うか？」

営業マン「それはわかっているんです。でも、ですよ。その話に入る前に、どういう結婚式場なのか？　どのような結婚式をしてくれるのか？　どれくらい費用がかかるのか？　なんて聞かれるんです。ですから、どうしても内容説明になってしまうんです」

指南役「なるほどな。そのために、話に入るときに使うといい言葉って言ってなかったか？」

営業マン　「聞いています。『ところで』です」
指南役　「それもみんな、わかってるやんか。なぜ、使わないんや」
営業マン　「どうも、いざ話しはじめたら、うまくいかないのです」
指南役　「じゃあ、今回はそれを頭に入れてしっかりやってみな」
営業マン　「わかりました。今度こそ、その順番でやってみます」
指南役　「ほな、また結果を聞かせてや」
営業マン　「わかりました」

——結婚式場で会場を案内した後、式のプランを新郎新婦と考える。

営業マン　「これから結婚式のプランをご紹介しようと思うのですが、『ところで』、なぜ、結婚式をあげようと思ったのですか?」
新婦　「実は、父にぜひ、私のウエディングの姿を見せてあげたいと思いまして」
営業マン　「そうですか。それはお父様も喜ばれますね。新婦様はお父様が大好きなんですね」
新婦　「もちろん、父だけでなく、両親が大好きです。ここまで育ててくれて本当に感謝しています。ただ、特に父には、特別に見てもらいたい理由があるのです」

営業マン「と、いいますと？」

新婦「実は……。父は病気で、余命半年なんです」

営業マン「そうなんですか……。ということは、重大なご病気で……」

新婦「はい。だから、父には私のウエディングの姿を絶対に見てもらいたいのです」

営業マン「そうですか。お父様とは、どんな思い出があるのですか」

新婦「それは楽しく優しい父でした。小さい頃から、私と2つ年上の兄と、いつも遊んでくれました。もちろん、母も一緒です。みんなでピクニックに行ったり、海水浴に行ったり。そうそう、私が小学校1年生のとき、家族でキャンプに行ったら、私が山の中で迷子になりましてね。父が必死で探してくれて、私を見つけると、遠くから必死で走ってきてね。小さい私をぎゅーっと抱きしめたんです。そのときに父を見たら、大粒の涙を流して泣いているんです。あ、私はこの父に心から愛されてるって。あのときの父のぬくもりは今でも覚えています」

営業マン　「そうなんですか。いいお父さんですね。それでは、お父様にはお嬢様の素敵なウエディング姿を見ていただきたいですね」

新郎　「私も彼女にそれを実現させてやりたいんです。私も何度もお会いしてるんですが、本当に娘を愛しておられて。『〇〇君、娘をよろしく頼むよ』って、こんな若造の私に、会うたび頭を下げられて。泣けてきます」

営業マン　「そうなんですか。じゃあ、そんなお父さんに結婚式に出てもらうために、どんなことをさせていただければいいですか？」

新郎　「それなんです。まず、お父さんはすでに車いすの状態ですから、車いすでも入れるような場所にしてあげたいのです」

営業マン　「もちろん、その点はお任せください。当社式場は、車いすの方も入れるように施設をつくっています。また、お体の状態も考えて、お父様には専属スタッフをひとりつけさせていただきます」

新婦　「それは助かります。父のそばに母がいますが、そんな母にもしっかりと2人の式を見てもらいたいですから」

営業マン　「もちろん、任せてください。きっと、お2人の門出になる素敵な結婚式にさせていただきますね」

新郎新婦「ありがとうございます」

営業マン「あと、式場はいかがでしたか？」

新婦「とてもおごそかで、素敵な式場でした」

営業マン「式のプランなどもいろいろありますが……」

新郎「そうですね。でも、もうここで決めさせてもらわないか？」

新婦「私もそう思っていました。○○さん、ここにさせていただいていい？」

新郎「もちろんだよ」

営業マン「そうですか。ありがとうございます。当日は素晴らしい結婚式にさせていただきますね」

新郎新婦「はい。よろしくお願いします」

＊　＊　＊

指南役「帰ってきたか、どうやった？」

営業マン「えー、あの……」

指南役「どうしたんや。なに泣いているんや？」

営業マン「お客様に喜んでもらえたのが嬉しくて」

指南役「そうか、よかったな」

営業マン「はい。『ところで』という言葉とともに、結婚式をやろうと思った理由を聞かせてもらえと言われたんですけど、最初は半信半疑でした。そんなにうまいこといくか？　ってね。でも、思い切って言ってみました。『ところでなぜ、結婚式をあげようと思ったのですか？』って。そしたら、新婦のお父様のお話になって、お父様がご病気で余命半年だということを聞き、何としてもお父様にウエディングドレス姿を見せてあげたいという気持ちを聞かせてもらいました。そして、子ども時代のご両親との関係や、新郎新婦の出会いの話などを聞かせていただく中で、あー、なんていいカップルとご家族なんだろうと思いました。ぜひとも当会場で結婚式を挙げていただきたいと思っていたら、なんと、お客様から当会場で式を挙げたいと言っていただきました」

指南役「そうか。終わってみて、どう思う？」

営業マン「そういうお話を聞かせていただいて、私も感動しました。新郎新婦お2人の思い、そして、育ててくれたご両親や家族への思いは大切なんだとあらためてわかりました。カップルでのはじめてのセレモニーである結婚式を扱っている仕事の場合は特に大事で、実はその思いを形にすることが結婚式の価値なんだとわかりました」

指南役　「ようわかったやん」

営業マン　「はい。ありがとうございます。今回、はじめての体験をさせてもらいました。特に、新婦とお父様のキャンプでの出来事を聞いて、『ご家族のキャンプでの写真はありませんか？　大写しにしませんか？』と提案させていただきました。そしたら、新郎新婦が『わぁー、素敵！　それ写そう！』って、2人で涙を流して喜んでいるんですね。なんだか、感動しちゃって、私まで泣きました」

指南役　「きみ、ええことしたな。それこそが本当のお役立ちの営業なんやで。結婚式の事前の打ち合わせはどうやった？」

営業マン　「ええ、いい内容につくり込めて、金額も普通以上の盛大なものになりました」

指南役　「そうやろ。どう思う？」

営業マン　「それこそが価値なんですね。そして、価値が価格になるんだとわかりました。

結果として、そうなるんですね」
指南役　「それがわかったら、この新郎新婦の結婚式は、2人とご家族、そして、特に新婦のお父様のために精いっぱい、素敵なものにしてあげることや。それがきみの商品の価値やで！」
営業マン　「わかりました」

――3ヶ月後。結婚式終了後の会場。

新婦　「○○さん、今回は、ありがとうございました。本当にいい結婚式で、父も母も、家族皆、涙を流して喜んでくれました」
新郎　「皆から、心温まるお祝いをしていただきました。素晴らしい式でした。○○さん、本当にありがとうございました」
営業マン　「いえ、こちらこそ、そう言っていただけて本当によかったです」
新婦父　「○○さん、本当にお世話になりました。いやー、いい結婚式でした。娘のウエディング姿を見せてもらって、本当によかった。あんなに小さくかわいかった娘が、こんなに素敵になって。もう……」

新婦母「お父さん、本当によかったね。○○さん、ありがとうございました」
新婦兄「○○さん、今回はいろいろ無理も言ったと思いますが、本当にありがとうございました。妹からも、本当によくやっていただいたと聞いています。ありがとう」
新郎父「○○さん、ありがとうございました。2人が本当にお世話になりました」
新郎母「○○さん、ありがとうございます。どうかお疲れの出ませんように」

＊　＊　＊

営業マン「先生、ありがとうございました」
指南役「どうだった？」
営業マン「はい。全員の方から名前を呼ばれて、お礼を言われました。全員から言われたのははじめてでした。今回、私が担当させていただいたことでお役に立てたんだなーと感じて、とっても嬉しくて、すがすがしい気持ちになって、もう、胸がいっぱいになりました。先生の言われていた『お役に立つ』とは、こういうことだったのですね」
指南役「そうやな。きみ、今どんなことを感じているんや？」

営業マン　「はい。私は今まで、結婚式を挙げるお客様に対して、とにかく、当会場でやってもらうことばかりを考えていました。それと、売上がありますので、申し訳ないのですが、いかに高いものを選んでもらえるかも頭の片隅にあり、毎回、お話のときになんとなく緊張していたようです。もちろん、結婚式に関しては、ミスのないこと、クレームの起こらないことばかりを考えていました」

指南役　「そうやな。きみ、そういうことを言ってたからな」

営業マン　「そうなんです。ところが、今回の結婚式を担当して、まったく違うということがわかりました。私たちが提供している結婚式は、新郎新婦とご家族にとって大事なセレモニーだったのです。それは、新郎新婦とその家族の思いをもって行なうセレモニーだったのです」

指南役　「ええことに気づいたな」

営業マン　「はい。だからこそ、そんな大事な結婚式を仰せつかっているのに、私は何を考えてやっていたのだろうと、本当に深く反省しました。そして、今はまったく新しい職業に就いたような感じになっています。

先生、お役立ちとは、こういうことだったんですね。質問というのは、新郎新婦とご家族の今までの思いとこれからの思いを引き出し、素敵な結婚式にするために重要なものだったのですね。それを私が担当し、聞かせていただくのは、とてもありがたいことなんですね。ひとりの方の人生というドラマを聞かせていただき、一緒に味わい、一緒に門出を祝えるという重要な役割だったのですね。新郎と新婦、そして、ご両家と周りの人々の『架け橋』になる仕事なんだと思えるようになりました」

指南役　「おー、よかったやないか。きみ、ええこと言うな。『架け橋』か、やっとわかったようやな。最初は私に文句言ったのにな。ワッハッハー」

営業マン　「本当に失礼しました。申し訳ないです」

指南役　「かめへん、かめへん、そんなことはどうでもええで。ええか、その今のきみの気持ちを、今度は他の営業マンにも伝えるんやで。ウエディングの営業というのは、こんなに楽しく、こんなに喜ばれて、やりがいのある仕事や、ってな。もちろん、そのようにやっていたら勝手に売上も上がるで、ってな。頼んだで。ワッハッハー」

――さらに3ヶ月後。

営業マン　「3ヶ月前のあの体験から、私の営業は大きく変わりました。人間というのは、徐々に変わるのかなと思っていましたが、そうじゃなかったんですね。3ヶ月前のあの結婚式を担当させていただいたことが、私には衝撃でした。パラダイムの転換が起こったということなんですね。今まで持っていた自分の営業に対する見方、考え方が、一気に180度変わりました。こんなことがあるのですね。営業とはやらなければいけないものでなく、喜ばれるためにやるんだというとことなんですね。あれ以来、私のウエディングの営業は本当にやりがいのあるものに変わりました。

業績ですか？　おかげさまで、現在はトップになっています。でも、トップになったと言っても、以前とは気分がまったく違うんです。もちろん、皆の見本として、売上のことは頭の片隅にはありますが、いざ仕事に入ると売上はどこかに行ってしまって、目の前のお2人のために一所懸命になれる自分がいます。不思議です。以前は頭から離れなかったのに。

社長からは、私の体験をもって部下を育成するように言われまして、ひとりず

社長 つやっています。当社は冠婚葬祭業ですから葬祭部門もあり、そちらの営業の指導もやっています。婚礼でも葬祭でも、どのような質問をしたか、どのような気持ちで対応したかを聞き、実際にロープレをやってもらったりしています。不思議なものです。自分が体験すると、部下のどこが悪いかもだいたいわかるんですね。具体的に私が感じるところをアドバイスすることで、よくなっていくんですね。こうしてみると、自分の体験がいかに重要であるかがわかります」

「質問型営業の導入には大きな決断が必要でしたが、自分の感覚でこの営業法は間違いないと思い、導入しました。こうして部下が育ったことは本当に嬉しく、当社の財産になりました。今後は、これを営業全員がマスターできるようにがんばっていきたいと思っています。それにしても、この仕事は、本人と家族の思いをつなぐ『架け橋』という話は泣かせますね。素晴らしい感覚を持ってくれたものです。先生には本当に丁寧に教えていただき、感謝しています。ありがとうございます」

指南役 「いや、よかったですな。最初は成績が下がったと文句を言われましたからな。

ワッハッハー。いや、営業の彼が言ってましたな。質問、質問と言われるので、一所懸命やっていたが、最初は表層的な質問をしてました、とね。なかなか、それがわからんのですな。それは、『質問で掘り下げる』『質問をして、イメージをつくり上げる』ということなんです。おたくの結婚式の仕事で言えば、新郎新婦に結婚式の様子をイメージしてもらい、今まで育ててくれたご両親やご家族のことを考えてもらうことによって、何をしてあげたいかがわかりはじめる。すると、営業も何を提案すればいいかがわかるんですな。皆が喜んでくれるイメージを描いて提案をする、ここがプレゼンテーションのポイントですな。だから、プレゼンテーションには、本当は長々とした説明はいらんのです。望んでおられることを聞いて、それを実現する解決策をスパッと提案する。むしろ、言葉なんていらん。カタログをじっと見つめて、読んでもらい、実現のイメージを描いてもらう。しっかり描いてもらってから、最後に後押しするように簡単な説明をする。これがプレゼンテーションですわな。どうやら、営業の彼はそれを理解したようですわ。いよいよ、この会社にも、営業の達人が生まれたわけや。これはすごいことになりますで。ひとりの営業が会社を変えていくんと違いますか。これは楽しみや。ワッハッハー」

POINT

「質問で掘り下げる」「質問をしてイメージをつくり上げる」。そうすればお客様は自らの思いを引き出し、何をすればいいかがわかる。営業も、何を提案すればいいかがわかる。

Case 7

保険営業

アドバイザー的営業に転換し、新人採用にも困らなくなった話

Case 7

保険営業

Before

最終はいつも押し切って契約。自分の仕事ぶりに疑問を感じ、モチベーションが低下。

After

プレッシャーがなくなり、仕事を楽しめるようになった。

「あれほど悩み、嫌になっていた仕事が、今は楽しく、モチベーションがどんどん高まっています」

営業マン　「説得を重ねて、なんとか契約にこぎ着けることに疲れました。『先生に指導をもらうと変わるよ』と言われてやって来ました。ぜひ、ご指導お願いしたいのですが」

指南役　「きみはよく売っている営業マンだと聞いているんやけど」

営業マン　「一応カーディーラーでトップセールスとして何回も表彰を受け、ヘッドハンティングされて保険業界に来ました。ここでもすぐさま業績を上げ、トップセールスにはなっています。しかし、営業のやり方が元来、お客様を説得して押し切っていくタイプなので、非常に疲れるのです。それに、本当にこんな仕事ぶりでいいのかという疑問があるのです。お客様は私を信じて保険に入ってくださいますが、肝心の私自身は、本当にお客様にためにやっているのか？半分は自分の都合を押しつけているのではないか？と。社内コンテストのときはさらに強引になる自分がいますからね」

指南役　「そうなんや。自分で自分のことをしっかり分析しているやん。さすがトップ営業マンや。それじゃあ、指導させてもらおか。疲れるのは、特にどの部分や？」

営業マン　「やっぱり、クロージングの部分ですね。最後の納得をいまひとつ得られないので、いろいろとしゃべり、押し切ってしまうんですね」

指南役　「なるほど。どういう感じか、教えてくれるか？」

営業マン　「わかりました」

――お客様の自宅を訪問。

営業マン　「……という内容になっていますが。ご理解いただけましたか？」

お客様　「よくわかりました。内容もとてもいいと思います」

営業マン　「では、進めていきますか？」

お客様　「えー……少し考えさせていただきたいのですが……」

営業マン　「えっ、内容もいいんだったら、何を考えるのですか？」

お客様　「いろいろと事情があるので」

営業マン　「そうなんですか。どんなご事情ですか？」

お客様　「やはり、私ひとりで決断はできないのでね」

営業マン　「ということは、何かあるのですか？」

お客様　「妻に相談しないと、勝手には決められないですね」
営業マン「なるほど。ご自分ではこの内容をどう思っておられるのですか?」
お客様　「私は、いいと思っています」
営業マン「それでは、今、決めておかれたらどうですか。その上で報告したらいいじゃないですか」
お客様　「たしかに、そうなんですが……」
営業マン「だって、奥様やお子様たちのことを考えての保険なのですから」
お客様　「まあ、そうなんですが……」
営業マン「じゃあ、そうされてはどうですか」
お客様　「そうですね。わかりました」

＊　＊　＊

指南役　「なるほど。土俵際、押し切りという感じやな」
営業マン「そうなんです。もちろん、お客様は私を信用してくれていますし、私も今後お客様をサポートしようと思っています。でも、どうも最後がいけないのです。お客様が私を信用してくれているのをいいことに、つい押し切ってしまうんです」

指南役「なるほど。なぜ、そのようにしてしまうんやろな？」

営業マン「なぜって……そのとき決めておかないと、お客様の気が変わるからです」

指南役「なるほど。なぜ、気が変わるんや？」

営業マン「それはやはり、気持ちが揺らぐというか。特に、帰って奥さんに何か言われたら、とたんに気が変わるんです」

指南役「なるほど。ということは、きみはすぐに気が変わるような、役に立たない陳腐な商品を提案しているということなんか？」

営業マン「いいえ、そうではありません。いくらいいものであっても、人間とはそういうものなんです」

指南役「そうかな？　たとえば、きみにどうしても必要なものがあったとするな。でも、そのときに買うには条件が悪い。仕方なく、きみは買うのを諦めようかと思った。でも、やっぱり必要だ。欲しい。どや、諦めるか？」

営業マン「それは買うでしょうね。だって、必要ですから」

指南役「そうやわな。ということは、今回の提案の場合はどうなんや。その商品は、お客様にとって、ものすごく必要なものということではないんか。要はきみがお客様を洗脳しているだけか？　お客様にとって、本当に必要なものではないんと違うか？」

営業マン「いいえ、断じてそんなことはありません。絶対、必要なものを勧めています」

指南役「じゃあ、なぜ、押し切ってしまうんや？」

営業マン「たしかに。そうですね……。やっぱり、今、ここで決断させないと、その気持ちが薄れていくと思うからでしょうね」

指南役「ええか、ここが切り替えどころや。きみは、お客様のためにと思って仕事をしている。お客様のためになる商品を勧めている。もちろん、お客様もその話を聞いて、自分にとっていいものだと思っている。なのに、なぜ、最後にきみが決断させるように押し切らないけないんや。おかしいと思えへんか？」

営業マン「たしかに……。でも、そうしないと契約へと踏み込んでいかないのです」

指南役「なぜや？　お客様には必要なんやろ。お客様も必要と思っているんやろ。なんでや？　ええか、ここが考えどころやで。なんでや？」

営業マン「……。たしかに、たしかにそうです……」

指南役　「ええか、ここが営業の何たるかをつかむ分かれ目や。ここが、営業マンとして本物か偽物かの分かれ目や。残念ながら、きみは最後の最後に、『自分のための営業』をしてしまっているんや。それまで、いくら相手のためにいいことを言ったって、最後の言葉ですべておジャンになる。偽善者になってしまうんや」

営業マン　「……偽善者ですか。だから、最後はすっきりしない」

指南役　「そうや。きみは偽善者や。せっかく相手のために提案したのに、なんでそのきみが嫌な気分になるんや。むしろ、喜ばれ、感謝されないとあかんのちゃうか」

営業マン　「たしかにそうですね……」

指南役　「ということは、せっかく相手のために話したのに、最後の最後が間違っているんや。それはなんや？」

営業マン　「売上を上げたいという気持ちですかね。特に、コンテストやランクアップがかかっているとき、チーム全体の売上がかかっているときにそうなります。つまり、私は自分のために売ってしまっているんです」

指南役 「きみは、お客様のためと言いながら、最後の最後には、自分のために売っている。それが本当にお客様のための営業か？ それでええんか？」

営業マン 「いや、ダメです。ダメなんです！ だからこそ、私は嫌な気分になるんです。自分の言葉と心が食い違ってしまっているからです。それが小さな自己嫌悪になる。それが、溜まってくるのです。少しずつ、少しずつ。そして、溜まりに溜まったときに、どこかで発散させたくなってしまう。だから、ご褒美だと言って高級品を買ったり、夜な夜な飲みに行ったりして、得た収入をパーッと使ってしまう。そんなことを繰り返してしまうんです。そして、いつも『これがお客様のためなんだ』『しょうがないんだ』と自分に言い聞かせている。でも、本当はわかっているんです。何かが違う、何かが狂っているって。それを5年も6年も繰り返して、最近ではもうモチベーションが上がらなくなっています。私はいったい何をしているんだ。これを一生続けていいのか？ ってね。もう、営業に行きたくなくなっているんです。特に、部下の同行などは最悪です。なにせ、フォローは部下に任せてしまうことがほとんどですから、取り返しもつかない」

指南役　「そうか。やはり、そうなんやな。それが多くの営業マンの本当の苦しみなんや。自分は本当に役立っているんやろか。自分のやっていることの意味があるんやろかってな。でもな、その答えを曖昧にしたまま、多くの営業マンがしだいに割り切って仕事するようになるのも現実なんや。『これでいいんや。これが仕事なんや。俺には家族もいる。そのためには稼がないかんのやから』ってな。そう自分に言い聞かせて、人間としての感情もなくしてしまうんや。表情に生気がなくなって、能面のようになってしまう。そんな営業マンに売れると思うか？　結局、『自分には営業は向かん』と言って、営業をやめる奴。そして、割り切ってますます強引な営業になってしまう奴。俗に言う『人の家に土足で上がり込む』ような営業マン、相手の感情も何も考えないマシーンみたいな営業マンができあがるんや」

営業マン　「事実、私もそのようになっていました。今後、私はどうしたらいいでしょうか？」

指南役　「きみはどうしたらいいと思うんや？」

営業マン　「やっぱり、最終のクロージングの答えがどうあろうと、相手のための営業を貫くことですかね」

指南役　「なるほど。じゃあ、どうしたらいいんや？」

営業マン　「まず、プレゼンテーションが終わったときに、お客様自身にその商品の価値をしっかりと確認してもらうことでしょうね。そのためには、まず、その商品をどのように感じるのか、メリットを感じているかを質問することですね。『商品に対してどのように感じられますか？』『特にどこがいいと思われましたか？』『採用いただくと、どのようになりそうですか？』などと聞いて、お客様がその価値を感じてくださっているかを、とにかく確認することです」

指南役　「なるほど」

営業マン　「大事なことは、お客様自身がその商品に価値を感じているか？　ということです。価値を感じているからこそ、契約したいという気持ちになる。特に、私たちが売っている保険の価値は、安心した生活を送り、より楽しみ、充実した日々を送ってもらうことです。それこそが、私たちの提供しているものなのです」

指南役　「それなら、お客様がその価値を感じていても、先ほどのように『考えさせて』

なんて言われたら、どうしたらいいんや?」

営業マン「そうですね。その価値を感じていることを確認させていただいているのに、それでも『考えさせて』と言うからには、何か特別な理由があるはずです。ですから、その気持ちを理解し、『もちろん、いいですよ』とお客様の言葉をまず受け入れます。その上で、そのように言われる理由を聞かないといけないですね」

指南役「その後はどうするんや?」

営業マン「はい。『そうなんですね。何か理由があるんですか?』と問いつめるのではなく、問題があるのなら、一緒に考える姿勢がいると思います。つまり、お客様と対面するのではなく、横に寄り添って考える姿勢です。『遠慮なく、なんでも言ってください。問題があるなら、私も一緒に考えますから』って言えばいいですね。そこで、はじめて『考える』内容を言ってくれると思うのです。ここで言われることのほとんどが、たぶん『費用』『相談する』ということだと思います。そうしたら、さらに『なるほど』と共感して、次に『○○さんは、この商品をいいと思っておられるのですか?』『契約したいと思っているのですか？』と質問して、お客様自身がそもそも契約したいと思っているかどうかを聞く必要がありますね。だって、それが一番重要なことですから。自分がいいと思い、契約しようと思わなければ、そもそも、話を進めることができませんからね」

指南役「そういうことやな。再度、お客様に本当に必要と思っているかを確認するのが大事やな。じゃあ、その答えが『NO』だったり曖昧な返事なら、どうするんや？『YES』と言われたらどうするんや？」

営業マン「『NO』や曖昧な返事なら、もともと価値を感じていないということですね。さきほどの『費用』『相談する』というのが理由ではなく、本当の理由があるはずなので、それ以前の話のどこかに問題があります。『そうなんですね。何かわからないところとか、はっきりしないところがあるんですか？』と聞いて、真の問題を再度しっかり話し合います。そして、問題が解決し、納得してもらえたら、あらためて、『○○さんは、この商品をいいと思っておられますか？』『契約したいと思われましたか？』と聞き、YESなら次へ。NOや曖昧な返事なら、さきほどのことを繰り返します。そして、YESならば、『費用』『相談する』について、よく聞いて、一緒に考えていくということですね。このように見直してみると、今までは『考えさせて』と言われたときに、私は自分のことを考えてしまい、『えっ、何が問題？』という焦った反応になっていました。そのような反応になるのが間違いでした。『考えさせて』と言われなくても、クロージング段階ではいつもスムーズにいくかどうかを心配して、ドキドキしていました。それこそが、自分のために営業していた証拠です」

指南役　「よっしゃ。それだけ整理できたらええやろ。再度、挑戦してきたらどうや」

営業マン　「わかりました」

――前回のお客様の元を再訪問。

営業マン　「……という内容になっていますが、どうでしょうか？　今までのところで、どのように感じられましたか？」

お客様　「すごく、いいなと感じましたよ」

営業マン　「そのように言っていただき、嬉しいです。特にいいと思ったところはどこでしょうか？」

お客様　「自分のすべてにわたっての保証が行き届いているところですね。特に、自分が働けなくなったらどうしようという不安がありましたから。これなら安心です」

営業マン　「それはよかったです。じゃあ、このような保証が整えばどのようになりますかね？」

お客様　「まず、安心して生活や仕事に向かうことができます。そうなれば、集中もできますし、楽しむこともできますね」

営業マン　「それは何よりですね。では、進めていきますか？」

お客様　「えー……、少し考えさせていただきたいのですが……」

営業マン　「そうなんですね。全然、大丈夫ですよ。あと、どのようなことを考えたいということでしょうか？」

お客様　「やはり、妻にも相談したいと思いまして」

営業マン　「そうなんですね。大事なことですから、当然だと思います。奥様、お子様のことを思っての保証のことですからね。ところで、ご自身ではこの内容についてどう思っておられるのですか？」

お客様　「私は、いいと思っています。この内容で間違いないと」
営業マン　「ありがとうございます。それでは、奥様にはどのようなことをご相談されますか？」
お客様　「この内容でいいのか？　まあ、確認みたいなものですね」
営業マン　「なるほど。いいご返事はもらえそうですか？」
お客様　「そうですね、『その保証金額で大丈夫？』とは言わないでしょうが、月々の負担にならないかと心配してくれるかもしれませんね」
営業マン　「いやぁ、優しい奥様ですね。では、ご確認のための返事をもらうということですか」
お客様　「その通りです」
営業マン　「では、いつお話しされますか？」
お客様　「そうですね。今晩に話します」
営業マン　「わかりました。では、明日午前中にお電話するということでよろしいでしょうか。もし、内容についてご夫婦揃ってもう一度ご検討したいということでしたら、再度ご説明させていただきますので、遠慮なくお申しつけください」

お客様　「そう言っていただけると助かります。ありがとうございます」
営業マン　「それでは、明日、お電話をおかけしますので」
お客様　「ありがとうございます。どうか、よろしくお願いします」

＊　＊　＊

営業マン　「先生、おかげですごくスムーズにいきました。私も気持ちよくできました」
指南役　「それはよかったな」
営業マン　「ただ、その場で契約がもらえなかったのですが。それについてはどうでしょうか?」
指南役　「きみはどう思うんや?」
営業マン　「私は、強引でなく、いいと思いました。というのも、理由を聞いてみると『奥様に相談したい』ということでしたが、ご本人の契約の決意は固まっていて、確認だけしたいということだからです。今までは、気持ちが揺らいではと心配で契約書をもらっていましたが、それはやめました。決意が固まっていれば、間違いないとわかったからです。もし、翌日の返事で揺らぐようであれば、契約書をもらっていても、翌日、保留やキャンセルになることもありましたので。実は、この点で私の営業に対する、特にクロージングに対する考え方が大きく変わりました。今までは、即決が一番いいと思っていました。それは、『お客様とは気が変わるものだ』という考え方があったからです」

指南役　「今は、どうなんや？」

営業マン　「はい。お客様の気持ちを信じることにしました」

指南役　「なるほど。ええんちゃうか。実は、わしが提唱している『人の行動原則』では、『人は自分の思った通りに動きたい』『人は自分の思った通りにしか動かない』と説明している。つまりな、誰もが自分の思い通りにやりたいと思っていて、お客様も自分の思い通りに動きたいということなんや。だから、我々にお客様を動かすことはできない。できるのは、どのようなことを考え、どのようにしたいと思っているかを聞くこと。だから、質問が重要なんや。質問で確認して、その方向で役立つ商品を提案することなんや。だから『思い』や『感じていること』を聞き、さらにそれを叶えるために『考える』ことをしてもらい、『行動』を自ら起こしてもらう。これが営業という流れの全編でやらなあかんことなんや。

特に、アプローチからそのつど、『どのような思いを持っているか?』『その思いを叶えたいか?』『問題を解決したいか?』『それを叶える、解決できるような方法があれば、話を聞いてみたいか?　取り組んでみたいか?』など、相手の『思い』のレベルを知るためのテストクロージングというものが、非常に重要なんや。これを随所にはさんでいけば、説明一辺倒の暴走営業になったり、『いい話をありがとう』とか『またそのうち考える』とか言われて終わることはないんや。

営業の仕事は、商品を売りつけることでも、決めさせることでもない。あくまでもお客様側に立って、一緒にお客様の生活を快適に、豊かに、充実させるための相談役や。そういう意味では、営業マンは会社側ではなく、会社の人間やけどお客様側に立って考える人と言えるのと違うかな」

営業マン　「なるほど。私たちはお客様側の人間なんですね。だから、お客様側に立ったアドバイザーであるのですね。私たちは、会社の中より、お客様と話す時間のほうが多いですものね。営業は何か『戦いに行く』という古いイメージがありましたが、そうではなく、お客様側の人間だと伝えに行き、協力することなのですね。これで謎が解け、立ち位置が決まりました。ありがとうございます」

指南役　「それはよかったな。けど、きみがほとんど答えていたけどな。ワッハッハー」

――6ヶ月後。

営業マン　「あれから、私はお客様に対してアドバイザー的な営業ができるようになりました。それでプレッシャーがなくなり、見事に仕事を楽しめるようになりました。あれほど悩み、嫌になり、モチベーションが下がっていたことが、今では嘘のようです。もう、楽しくって、お客様からも感謝されて、モチベーションはどんどんと高まっています。

そして、これがリクルート活動にも活かされるようになりました。だって、そうでしょう。自分がやっている仕事が面白くなくて、誇りが持てなくて、どうしてリクルートできるかってことです。リクルート活動は、ヘッドハンティング的に飛び込み電話でかけるのですが、テストクロージングの言葉がものすごく役立つのです。テストクロージング的な質問で、相手の思いを知り、電話での会話がつながっていって、最終的に面会に至るのです。このようなことを気づかせてくれた先生には、本当に感謝しています」

指南役

「大きく成長したようでよかったな。まー、もともとトップセールスを取るような人間は、目標に向かってひたむきに突っ走る特性を持っているからな。ただ、その方向が間違っていると強引になったりして、大変なことになるんや。かくいうわしも、そのひとりやけどな。ワッハッハー。彼も、今後はいい方向で営業をやってくれそうでよかったわ。これでまたひとり、営業に対するイメージアップができたわ。特に彼はトップセールスになった人間やから、きっと大きな影響を与えてくれるやろう。本当によかった。さあ、次いこか」

POINT

お客様の「思いのレベル」を知るためのテストクロージングを随所に挟んでいけば、「いい話をありがとう」や「またそのうちに考える」と言われて終わることはない。

Case8

自動車営業

「思い」をとことん確認して、部下の教育までできるようになった話

Case8

自動車営業

Before

「あの営業じゃダメだ」とお客様に見限られる。

After

お客様からお礼の食事会に招かれるほどに成長し、新人の育成担当として活躍。

「お客様の『思い』を聞くことを徹底してから、一躍、トップ集団に入るようになりました。やり方と考え方、話し方を知れば、どんな営業マンでもできるのです」

指南役

「もうあれから10年も経つんやな。営業教育を頼まれて、まずその会社の1店舗から教育に入るということで、見に行った店舗に彼がおったんや。ちょうど新しいお客様を接客しているところを、私はたまたま傍らで見ていた。『車ですか？　ゆっくり見ていってください。あっ、今、別のお客さんがいるんで、すぐに戻って来ますんで。ちょっとだけ、待っててくださいね』って甲高い声で焦りながら伝えて、そいつは別のところへ駆け足で向かった。服装はよれよれ。小走りの姿はガタガタやった。彼が去った後に残されたお客様の言葉を、わしは今も忘れんわ。『あの営業マンじゃあかん。他の店回ろか』って、出て行ってしもたんや。そのときに『あちゃ〜。お客さん、帰ってしもたわ。これは大変な営業マンや』と思うと同時に、『あー、この営業マン、身も心も相当疲れてるな。相当直さなあかんぞ』って思ったんやけど、なんだか、そいつに無性に愛着が湧いてな。私も若い頃は似ているところがあったからな。

それから、その店舗の営業教育がはじまった。彼もその一員やった。特に、ずっと車が売れてないダメ営業マンのそいつは、口では冗談を言ったりもするけれど、心は相当疲れていたのを覚えているな。でも、なんとかしたいという気持ちで、私の指導に食らいついてきた。だから私も、彼には特に一所懸命に教えたんや。営業に対する考え方、姿勢、話し方から、公園に一人連れていき、ベンチに寝ころばせて発声の仕方まで教えたのを覚えているわ。
でもな、そこから少しずつ売れるようになりはじめて、見事に復活したんや。あれだけダメ営業マンだったのが、売れるようになって、そのあと3年間はトップ集団に名を連ねるようになったんや。私はそれを聞いて嬉しかったで。そして、そいつが今や新人の教育担当の核として、すでに5年も教えているらしい。よかったな。すごいやん。あのダメ営業マンから、見事に復活したんやもんな」

——以前、指導した会社を訪ねる指南役。10年ぶりに営業マンと再会。

指南役 「久しぶりやな。がんばってるそうやな」
営業マン 「先生、お久しぶりです。その節はお世話になりました。元気でやっています」
指南役 「その後、成績を上げて、人材育成委員会という新人営業マンの育成委員会をつくって、そのリーダーをやっているらしいやん」

営業マン　「ええ。売れなかった状態から売れるようになったという経歴があるんで、リーダーをやらせてもらってます。特に、最初の頃の私のように、営業で苦しまないようにと思って教えています。

あの頃は全然売れなくて、どうしたらいいか、わかりませんでした。茶化されたらそれに乗って、冗談でごまかすしかなかったんです。でも、心の中はどうしたらいいかわからない。そんな自分を見つめることから逃げていました。

先生はそんな私に対しても熱心に教えてくれました。この方法でやれば、誰もが売れるようになるんやと言って。だから、私も『自分がダメなんじゃなくて、考え方と行動がダメなんだ』と思って行動に移していきました。不器用だけど、なんとか行動に移したし、移せるようになったんです。

そしたら、今でも忘れません。奇跡が起こったんです。あるお客様が、私から車を買ってくれて、そのお客様に食事に誘われたんです。『夜、食事に行こう』って。私はもう、びっくりしました。『何かやらかしたか？』ってとっさに思いました。こんなこと、はじめてですからね。当日、びくびくしながら食事に行ったら、『いや、今回はありがとう。私はきみみたいな営業マンから車を買えて嬉しかったよ』って言われたんです。『そうなのか、自分の営業で喜んでくれたんだ』とびっくりしていたら、『きみの営業は他とは違う。きみは私の話を気持ちよく聞いてくれた。それが嬉しかったんだ。だからきみから買おうと思ったんだ』と。もう、私は感動して、目頭が熱くなって、涙が出てきそうになりました。そして『本当にありがとう。今日はその食事会です』と言われた瞬間、ついに辛抱できずに、ぼろぼろと涙が溢れました。本当に嬉しかったです。

その一件から、驚くほど自信が出てきて、生まれ変わったようです。車を売ることが楽しくなって、気がついたらトップ集団に入るようになったんです。僕でもできるんだと思って、嬉しかったです。そうこうしているうちに、新人の教育委員会を発足させるということで、そのメンバーに入ることになったんです。そうして、気づけばもう5年もその委員会の中心メンバーをやらせていただいています」

指南役
「そうか……。がんばったなぁ。毎年、新人教育していてどうなんや。新人は育ってるんか？」

営業マン「おかげさまで、私の頃より今の新人のほうがよっぽど優秀です。今の新人はクールな新世代だと言われてるんですが、教えたことを理解して、一所懸命にやります。やる気があって、お客様に対しても熱心で、役立とう、喜んでもらおうとしています。7月くらいから現場に出て、9月くらいから数字を持ちはじめますが、半年で10台ぐらいはコンスタントに売ってくれています。そう言えば、先生のお車を担当しているのも、うちの新人じゃないですか?」

指南役「そうなんや。今までの担当者から変わって、若いからどれくらいできるか、女房が心配してたけど、とてもよくやってくれると女房がほめてたわ」

営業マン「それはよかったです」

指南役「新人教育で、一番大事にしているのはなんや?」

営業マン「はい。とにかく、過去の私みたいにならないようにという気持ちで教えています。私は営業方法を習わず、先輩の姿を自分流に解釈して自分なりにやってたんで、とにかく超自己流で苦しみましたから。でも、先生の講義を聞いて、ちゃんとお客様に理解され、喜ばれるような営業の考え方、やり方、方法があることがわかりました。特に方法の部分では、接客のときにお客様に質問をして、お客様のことを理解した上で提案する流れは最高です。これを知っているのと、知らないのとでは、とんでもない差になります。

教える中では、『話し上手な人が売れるわけじゃない』ということを強く伝えています。『営業の考え方、やり方、方法をしっかり知り、そのコミュニケーションを習得し、一所懸命努力した営業マンが売れるんだ』『最後は、正しい努力した人間が勝つ』ということを教えています」

営業マン「すごいやん。売れない時代があって、ずいぶん苦しんだからこそやな」

指南役「そうです。とにかく、私みたいに無駄な時間や努力をしないようにというのが、私が一番伝えたいところなんです」

営業マン「力入っとるな。でも、きみの気持ちはわかるわ。私もそうやからな」

指南役「先生もですか？」

営業マン「ああ、間違いだらけの営業をやってたからな。説得型の押し込み型の営業でトップになって、それで役職も上がって、その営業法を会社で部下に教えて。正直、無茶苦茶や。結果として、あれほどつらい時代はなかったな」

指南役「先生も間違いを実践してたときがあるんですね」

指南役　「そういうこっちゃ。だから、間違った営業法をしているやつを教えるときは、力が入る。過去のきみもそうやった」

営業マン　「ははは……」

指南役　「営業方法の指導で、特に大事にしていることはなんや？」

営業マン　「はい。特に、お客様の話をよく聞くことです。これは、お客様の『気持ち』をよく聞くことですね。実は、これが私もなかなかわからなかった。先生の指導を10年前に受けて、『そういうことだったのか！』と、はじめてわかったんです」

指南役　「どういうことや？」

営業マン　「お客様の話をよく聞くということは、だいたいの営業研修、あるいは営業の本で伝えていることです。それで、とにかくひと言も逃さないようにと懸命に聞こうとするんです。『私はあなたの話を聞いていますよ』ってアピールもします。ところが、実はまったく違うということがわかったんです。『話を聞け』の意味が」

指南役　「どう違ったんや？」

営業マン　「はい。私が聞いていたのは、上辺の言葉だったんです。お客様の言葉を理解しようと思っていただけでした。

たとえば、『今は買うのが難しい』と言われれば『じゃあ、いつがいいのですか？』と言っていましたが、実はこれが間違いです。そのときは『なぜ、そう思っているのか？』『どのような問題があるのか？』を聞かなければいけなかったんです。つまり、お客さんが発する言葉の奥にある気持ち、心を聞かなければいけなかったんです。これがわかったんですね。

先生が仰っていた法則も、そこで理解できました。『思い→考え→行動』というやつです。『思い』が『考え』になり『行動』になる、というものです。言葉というのは、最後の行動の部分です。ですから、『なぜそのように言われるのか？』と、考えや思いを聞いてはじめて、その人の言っていることが理解できる。これが『人の話を聞け』の意味するところだとわかったんです」

指南役　「よくわかってるやん」

営業マン　「はい、おかげさまで。ですから、どういう気持ちでいるかを聞いて、確かめてから、先に進む。こうすれば、食い違いが起きることはなく、しっかりとお

指南役　客様に寄り添った営業ができると言っているんです」

営業マン　「具体的にはどのように接客を進めてるんや？」

指南役　「まず、新規のお客様が来店されたら、挨拶をします。『今日はどのようなことで来ていただいたのですか？』と目的を聞いて、希望の車を見ながら、次に、お客様のことを聞きます。『買い替えですか？　購入ですか？』の後に、購入期日などを軽く聞きます。さらに、どのような使い方をしたいのか、そしてお住まいや家族構成などを聞いて、共通項を見つけて楽しい話になるようにします。そして最後に、『時間は多少ありますか？』と聞いて、ある場合は、席に誘導をする。ない場合は、あとどれぐらい時間があるかを聞いた上で話をして、次回のアポを取る、という具合です。ここまでが、3段階ですね」

営業マン　「しっかり、段階をつくっているやん。そんで、座ってからどうするんや？」

「はい。まず、簡単なアンケートに記入してもらい、アンケートの内容から、お客様のこと、住所、家族構成、家族の年齢などを詳しく聞きます。ここで、趣味か、家族か、仕事かで話を深掘りして、とにかく興味を持って、お客様を好きになるように言っています。営業マンがお客様を好きになれば、お客様も心を開いてくださり、いろいろと話してもらえます。営業マンは好きな人には自社の車に乗ってもらいたいと思いますから、お客様に純粋に勧めようとする気持ちが強くなりますね」

指南役「その通り。営業に入るのではなく、まずお客様との関係づくりをすることやな。ええな。正解やな」

営業マン「ありがとうございます」

指南役「その次は?」

営業マン「はい。ここでいよいよ、車のことを具体的に聞いていきます。先ほどお聞きした内容で、まずは買い替え、購入の目的ですね。それが具体的にどのようなことか、その思いがどれぐらい強いのか、ですね。ご希望のお車がその条件をどれぐらい満たしているのか? 他に見比べている車はあるのか? なども聞きます。あと購入時期ですね。そして、誰が最終的に決めるのか、お支払い方法や駐車場の有無なども尋ねます。このようなことを質問しながら、最終的に条件が合えば、決める気持ちがあるのか? あるいは、もう一度来ようと思っているのか、などを聞きます。もう一度来るつもりならその理由を聞き、こちらも何か宿題をもらい、それについてお答えするようにします。車があれば、もちろん、試乗もしてもらいます。

ここで大事なのが、『最終の条件が合えば、決めようと思っておられるのですか？』という、お客様の意志を聞く質問ですね。これが、お客様の気持ちを聞くということで、いわゆるテストクロージングという重要な質問です。実は、これがものすごく重要だとわかったんです。つまり、これでお客様の『思い』をはかるということですね」

指南役「ええやん。なかなか、わかっているやん」

営業マン「ありがとうございます。ですから、このテストクロージングの部分は、言い方も含めてものすごく練習します。スムーズに言えないといけませんからね」

指南役「ええね。このような指導をどれくらいやってるんや？」

営業マン「はい、営業の新人はまず、車の専門知識や技術を理解した上で、はじめて接客につきます。接客についても、お出迎の挨拶からしっかりと教えて、その上でお客様への対応、営業となります。ですから、4月の1ヶ月間である程度の流れと方法を理解させてから、各店舗への配属になります。各店舗では、先輩の営業マンの傍らにつけさせて、習ったことを横で見せるようにしています。そこから、毎月現場で体験させ、本社に月1回集めて1日研修を受けさせます。5月はお出迎え、6月はご用命を受ける、7月は提案までする、8月は内部のホウレンソウの仕方。9月は一般常識の学び方というふうに、テーマを決めて1ヶ月ずつやっていきます」

指南役　「ちゃんとスケジュールを決めてやっているんや」

営業マン　「はい。これは実は新人だけでなく、1年目の営業マンも月1回。2年目の営業マンは2ヶ月に1回という形で、それぞれ1日研修を実施しています。最初が大事ですので」

指南役　「さすがやな。そんなにやっているとは知らんかったな。きみの言う通り、最初が肝心やからな。私がきみの会社で教えて以降、2倍以上の売上になっていると聞いて、何かやっているなと思ってたけど……、そこまでしっかりやっているんなら、大丈夫や。いや〜、たいしたもんや」

営業マン　「そう先生に言っていただけると、嬉しいです」

指南役 「それはそうと、新人や部下の中には、いろんなタイプがいるやろ。おとなしいやつ、のんびりしたやつ、負けん気の強いやつ、ルーズ、適当といろいろいるわな。どうしてるんや」

営業マン 「はい、それも個性と思っています」

指南役 「どういうことや？」

営業マン 「一長一短ですね。おとなしい子はお客様に対しても控えめですが、実はお客様の話をよく聞く。のんびり屋は契約までに時間がかかるけれども、お客様の気持ちをしっかりと理解して、絶対に無理をしない。反対に負けん気の強いやつは成績は上げてくれるが、ちょっとお客様をせっつくところがある。こう考えると、長所が短所で、短所が長所になるんですね。ですから、個性なんですね。

問題は、それをどのように活かしていくか、だと思うのです。ですから、まず、個性を活かすためにも、営業の基礎をしっかり身につけるようにと言っています。お客様に寄り添い、お客様の真意をしっかりと聞けるようになってから、自分の個性を活かしたらいいと言っています。ところが実際には、この営業の基礎が身につくと、短所が直って、長所だけが活きてくるようになるとわかったのです」

指南役「どういうことや?」

営業マン「はい。たとえば、おとなしい子はお客様の気持ちをよく聞くことができるようになると、もっとお客様の立場に立てるようになり、商品を勧めることが自然とできるようになります。のんびり屋も同じです。お客様の気持ちがわかったからこそ、のんびりしていられなくなるのです。そして、負けん気の強いやつはお客様の気持ちをよーく聞けるようになると、お客様の状況を考え、そのまま進めたほうがいい場合、少し時間をかけたほうがいい場合の違いがわかるようになるんです。そうすると、せっつくことがなくなり、お客様に合わせることができるようになるのです。

つまり、営業の基礎を教えることによって、性格まで改善されるということですね。営業の基礎をしっかり教えることによって、個々の個性をより活かせるようになるということですね」

指南役「なるほど。よく、そこまで気がついてきたな」

営業マン「ありがとうございます。先生に言われると、めちゃくちゃ嬉しいです」
指南役「5年間、新人を教えてきて、どんなことを感じているんや」
営業マン「はい。教えるというより、むしろ、私を伸ばしてくれたと思っています。新人は素直で、まったくの1からです。その新人に教えていると、やり方がわかったのか、営業に対する意欲がどんどんと出てくるんです。そんな新人を見ていると、私もゆっくりしてられませんし、もっと伸びないと、と思います。

今の新人はやる気がなく、仕事を単なる手段と考えているという話がありますが、決してそうではありません。先日、新入社員を対象とした意識調査を見たのですが、やはり『仕事環境の心地よさ』を重視し、『自分らしさを大切にしつつ、効率的に期待に応えたい』『努力はするが失敗は怖い』と感じているという結果でした。整った環境で、自分を活かそうとしているのです。それに失敗は誰もが嫌なもので、効果的な仕事、人から喜ばれる仕事をしたいと思っているのです。

むしろ、今まで私たちが教わってきた営業が古いと言えます。高度成長期であり、情報がまだ行き渡っていない先輩たちの営業であれば、『とりあえず行動』

『まずお客様に会いに行くこと』『断られても進んで行くこと』というのは、今の時代には通用しない営業法です。それに、自分がやった分だけ収入になるとか、成績優秀者には表彰制度があると言っても、これはアメとムチで人を操るようなものです。今の若い人たちはそういう社会の制度に矛盾を感じています。それより、もっと自分らしく、自分なりの表現の仕方で、何より相手から喜ばれる、役に立つことを喜びに感じています。むしろ、今の人たちは、しっかり時代から学んでいて、精神レベルは高いです。

だからこそ、営業の考え方、やり方、言い方などを教えると、水を得た魚のように活躍しはじめるのです。そうした新人たちがお客様と楽しく話していて、笑い声などが聞こえると、こちらも楽しくなってきますね」

指南役
「いゃあ、きみも成長したな。そんな話を聞くと、本当に嬉しいよ」

営業マン
「いいえ、これも先生から教えていただいたおかげです。とにかく、今の新人は皆、素晴らしいです！　皆、素晴らしい能力を持っています。その能力を発揮してもらうためにも、まずは営業の考え方、やり方、話し方を教えること。そうすれば、確実に自分の力を発揮し、個性を発揮するようになるのです！

そして、その子たちが、人に役立つことの喜びを学び、素敵な社会をつくっていくと思うんです」

指南役「おいおい、すごいことを言いだしてんな。それで、君の成績はどうなんや?」

営業マン「えっ? はい。そうなんです。最近、そんなことばかりやっていて、自分の成績がちょっと落ちていますね。もっとお客様へのお役立ち量を高めないと……ですね」

POINT

営業で大事なことは、お客様の気持ちをよく聞くこと。
「なぜそのように言われるのか？」と考えや思いを聞いてはじめて、
その人の言っていることが理解できる。

Case9

リビルト部品営業
自己管理・部下管理の方法を習得し、売上が2倍になった話

Case9

リビルト部品営業

Before

感情や行動を管理できるものがなく、場当たり的に動く。

After

「書く」ことで自分が今、何をすべきかわかるようになった。

「各自バラバラで自分なりにやっていたのが、フォワーザチームに。売上は当時の2倍になりました。おかげさまで、支店長に昇進しました」

指南役　「きみとも久しぶりやな。わしがきみたちを教えていたのが、もう7年も前や。今度支店長になったんやって。出世したな。あの頃はまだ右も左もわからず、ただ精いっぱいやっているという感じやったもんな」

営業マン　「はい。おかげさまで、今年の春に支店長にさせていただきました」

指南役　「よかったな。ずいぶんしっかりしたもんやな。当時、教えていた他のメンバーも支店長やマネージャーになっているようやし、部長になった者もいるみたいで、嬉しい限りやで。昇進して活躍している者は皆、こちらが伝えたことを、どう自分に活かすかを考え実行し、自助努力をした者と言えるわな。特にきみは、当時わしが教えた『振り返り』や『シミュレーション』を真面目にやっていたな」

営業マン　「はい。おかげさまで、先生には日々の業務をシートに『書く』ことを教わって、私自身の成長というか、日々の前進に非常に役立ちました。これによって、自分が今、何をすべきかがわかるようになりました。結果、自分をコントロールできるようになり、成果につなげることができました」

指南役　「そうか、それはよかったな。やることをやっていたから、成長は当然のことやけどな。当時も、翌年には売上を倍にしてたよな」

営業マン「はい。おかげさまで、ただがむしゃらに売るのではなく、お客様に頼られて、売上をあげることができたスタートの年でもありました」

指南役「すごいやん。それ以前のきみはどんな風やったんや？」

営業マン「はい。ダメだとわかっていても、どうしても行動が場当たり的になっていました。また、自分にノルマを課しすぎてしまって動けない、そんなことが数多くありました。その頃を振り返ってみると、自分自身の感情や行動を管理できるものがなかったんだと思います。結果として、成果もなかなか出せませんでした」

指南役「そんな自分が変わってきたのはなぜなんや？」

営業マン「それは先ほども言ったように、『書く』ことで、自分を見つめられるようになったからだと思います」

指南役「そうか。きみにとって、書くことの効果を一番感じたことは何や？」

営業マン「それはやはり、書くと文字になり、客観的になれます。自分が行動したことや出会ったことに対して、嬉しかったり、悔しかった、情けなかったり、感情的に対処していた自分自身を冷静に見られることです。そこから自然に自分ができていることをしっかり認めると、自信を得られますし、改善することもできます。すると次の行動につなげることもできます。

先生は『今日の自分の行動の中で、できたこと、よかったことだけをまず書け』とおっしゃいました。私はそれに対して、『できたことやよかったことだけでは、自分が成長しない。できていないことにこそ自分の成長がある』と思っていました。ですから、内心は『そんなことでは改善できないし、成長もしない』と思っていました。でも、それが研修時の宿題でしたから、言われる通りにやっていきました」

指南役「そうやったんや。それで、どうなった?」

営業マン「はい。それを1週間ほど続けていると、不思議な感覚になってきたんです」

指南役「それはなんやった?」

営業マン「はい。なんだか、自分自身が『進歩している』という感覚でした。たとえば『今日は共感を意識して、しっかりとできた』『今日は笑顔で声をかけてみたら、以前よりお客様の反応があった』など、お客様との面会でたしかにできたことを書き出すと、自分の進歩を自覚できたのです。そのうちに、『今日は共感をやってみたけどうまく行かなかった。でも、うなずく部分だけはできた』『今日の面会は失敗したけど、お客様に好印象を与えることができた。だって、話はよかったと言ってもらえたから』という風に、本来ならできていなかったことも『進歩している』という気づきとなっていったんです。そうしているうちに、なんか元気が出てきました」

指南役
「それはなぜなんや？」

営業マン
「それが自分でも不思議で、考えてみたんです。そうしたら、自分の評価軸の基準が変わっていたことに気づいたんです。

以前の私は、自分がダメだったところを挙げて、自身に改善、成長を課していました。これは一見するといいように思えたのですが、実は『今の自分』と『理想の自分』とを比べて、今の自分を卑下していたのです。たとえば、研修で習ったことを実践できている『理想の自分』と比較して、『自分はこんなこともできていない』『ここがダメだ』と無意識に自己批判、叱責をやっていたのです。すると、だんだん、自分がダメな人間に思えていくんです。それを毎日重ねていくと苦しくなって、振り返ること自体に拒絶反応が出てしまいます。

ところが、先生の言われるように『できたこと・よかったこと』を書き出しはじめると、なんとなく自信が芽生えてきたんです。それはなぜなのかを考えているうちに、自分を評価するときの基準が変わっていることに気づいたのです。実は、このときの評価の基準は『今までの自分』なのです。『今までの自分よりも、ここができている』『今までの自分より、これができるようになった』と。これによって、『私は日々進歩している』『私は成長している』『私は日々変化できている』『大丈夫だ！』『イケてるぞ！』と自分を認められるようになったのです。

これは嬉しかったですね。毎日、成長している気分でしたし、実際に成長できていると実感しはじめたのです。そうこうしているうちに、さきほどのように、どんなできていないこと、とてつもなくダメだったことの中にも、自分の改善のための気づきや学びがあるとわかるようになりました。つまり、できていることも、できていないことも、すべてが自分の成長の糧なんだと受け取れるようになったのです。これには驚きました。そうすると、『今日1日、ありがとう！』なんて嬉しい気分になり、その日の出来事、出会った人、そして、行動を起こした自分など、すべてのことに感謝できるようになったのです。不思議ですね」

指南役
「いいじゃないか。その通りやで。よく目標設定をする際に『理想の自分』を描けと言うけど、それだけではしんどいな。だって、そうやろ。『理想の自分』をいくら描いても、かたや現実には、それとかけ離れた『できていない自分』がいるんやからな。
そうではなくて、『現実の自分』も少しずつでもできている。なぜなら『今までの自分』から間違いなく進歩しているからや。この『現実の自分』が進んで行けば、必ずや『理想の自分』へとたどり着くことができると思えたらどうや。そしたら、ファイトもモチベーションも湧いてくるということや」

営業マン
「たしかに私も、自分を認めることができるようになったことで、自然に『理想の自分』を高く描けるようになりました。それをもっと意識すればいいんですね。そうすれば、成長が加速するのでしょうか」

指南役　「その通り。もっと意識して、自分のめざすイメージを描くといいよな。でも、振り返りはよくやっているわ。そのことから、他にどんな変化があったんや？」

営業マン　「はい。次に『翌日やることを書く』ことをやるようになりました。これは振り返りとセットで行なえるようになりました。これにより、今日、何をしなければいけないかが明確になって、常にムダなく、スムーズに行動を起こせるようになりました。行動管理が楽になったのです。夜が忙しく、『やること』を書けないこともありますが、その場合は翌朝、とにかく行動を起こす前に書くようになりました。これでずいぶんと成果が出るようになりました」

指南役　「それはよかった。『翌日やることを書く』ことの重要性は、よく言われているものの、なかなか根づかない人も多いように思うんやけど、きみはどう思う？部下はどうや？」

営業マン　「たしかに、私は当時から『これはいいな』と思って周りにも勧めていましたが、やる人とやらない人がいます」

指南役　「なぜ、やる人とやらない人がいるんやろか？」

営業マン「まず、書き出したとしても、見直しをしないと効果がないんじゃないかと思うのです。そして、やらない人は書いて終わりなんです。つまり、書きっぱなしだから効果が感じられず、続かないのでしょう。書くことだけでも、意識には残ります。一方、私は手帳を1日のうちに何回か見ます。そして、その日の終わりには振り返りもしますので、書き出すことのメリットを毎日感じています。だから、書き出したほうが絶対いいということが自然にわかるようになったのです」

指南役「なるほど。『継続は力なり』という言葉があるな。わしはこれを『毎日、成果を確認することを継続すると、力になっていく』と翻訳しているんや。継続していくことは並大抵のことではないと皆思っているかもしれへんけどな、実はそんなことはないんや。正直、簡単なんや。毎日、やったことの成果を実感できれば、『これはやったほうがええな』『やったほうが得やな』と自然にそのメリットが理解できるから続くんや。そうやって続けていくうちに習慣となり、自分のパターンになっていくということなんや。わしもそれがわかったのは、40歳を過ぎてからやで」

営業マン「えっ！　先生でさえ、40歳を過ぎてからですか？」

指南役「言うとくけど、わしは若いときは怠けもんやったんや。いや、むしろ、やるときはバーッとやるけど、やらんようになったら、まったくやらん。感情の起伏も激しくて、それがすぐに顔に出る。そんな人間やったんや。そのわしも実は『書く』ことのコツをつかんで、直ってきたんやな」

営業マン「わからないものですね。そんなふうには見えませんが」

指南役「身についたら、皆、思うんや。『この人は昔からこういう性格のすごい人だったんやろな』とか。でも、実際は違うで。みんな最初は同じ人間や。自分が悩んで、落ち込んで、どうしたらいいのかと考えているうちにたどり着くんや。特に『書く』ということは、その自分を客観的に見て、改善してくれる最高の方法やな」

営業マン「そういうものなんですね。そういう意味では、私も少しはましな人間になってきたように思います」

指南役「なかなか、たいしたもんや。日々の習慣を自分でコントロールできるようになっているんやからな。これを続けていけば、恐ろしい人間になるで。あと、長期的なことはどうしてるんや？」

営業マン　「はい。それも書くことで達成できるようになりました。たとえば、自分の中で契約を取りたいと思う取引先があったら、それをいつ頃に取りたいと決めます。そして、契約するまでの障害を書き出して、その障害を順番に解決していくのです。つまり、『自分プロジェクト』として取り組むのです。このような『自分プロジェクト』がいくつもあって、長期とか、短期目標にわけて、意識的にそれぞれを達成していきます。先日も、1年前に契約をもらおうと計画した取引先と契約できました」

指南役　「たいしたもんやな。きちんとやってるやん」

営業マン　「おかげさまで、これも書くことでできるようになりました。自分の中では、「長期／1年／今月」にわけて目標を書き出して、いつも意識しています。その上で、今週、今日やらなければいけないことを書き出して取り組むようになりました」

指南役　「これは、ますますたいしたもんや。きみの中で、何が重要かがはっきりしているから、行動できるんやな。『重要度と緊急度のマトリクス』って知ってる営業マン「たしか、過去に習ったことがありますか?」

指南役「そうなんや。ビジネスマンなら一度は聞いているはずや。けど、なかなかこれができきんのや。それが見事にきみはできるようになっているんや」

営業マン「嬉しいですけど、どういうことですか?」

指南役「つまりな、仕事でも人生でも、やりたいこと、やらなければいけないことは、4つの領域のいずれかに入るんや。ひとつ目は『緊急で重要なこと』。2つ目は『緊急だけど重要でないこと』。3つ目は『緊急ではないけれど重要なこと』。4つ目は『緊急でも重要でもないこと』や。これら4つの優先順位はどうなっていると思う?」

営業マン「一番は緊急で重要なこと。二番は緊急でないけど重要なこと。三番が緊急だけど重要でないこと。四番が緊急でも重要でもないことですね」

指南役「その通りや。なぜ、その順番なんや」

営業マン「私たち営業は目先の売上だけでなく、3ヶ月先、1年先のお客様の獲得を考えて仕事をしないと、安定した売上をあげることができません。ですから、先の仕事を現在の仕事に組み込めるかどうかが重要なんです」

指南役

「その通りや。けどな、そう思っていても、多くの営業マンは現状の仕事だけに追われてしまう。つまり、『緊急で重要な仕事』の次は『重要でないけど緊急な仕事』をしてしまうのや。結局、緊急な仕事ばかり、目先の仕事ばかり。だから、長期的展望に立って、お客様を確保できないんや。でもな、これはわかっていてもなかなかできないんや。そこでや、これを解決するのが、先ほどの目標を書くということだ。きみはそれができているんや。つまりな、よく考えてみ。長期、1年、1ヶ月目標というのは、『緊急でないけど重要なもの』が多いんや。そして、今週、今日の目標は『緊急で重要』、そして『緊急だけど重要でない』ことが多い。そこで、これらをどうコーディネートできるかが大事なんや。日々の中に『緊急でないけど重要なこと』を入れるように計画すればいいんやけど、日々仕事をしていると、どうしても緊急なことばかりやってしまうんや。せやから、もっとも重要なのは、長期、1年、今月目標を毎日意識すること。そうしているだけで、自然に今週、今日のやるべきことに『緊急でないけど、重要なこと』を組み込む意識が生まれ、実行できるようになってくるんや。まさに、きみはそれができているんやで」

営業マン「そうなんですね。ありがとうございます。いや、自信になります」

指南役「さて、自分自身がずいぶん成長しているようやけど、それができたなら、次は教育やわな。きみはそれをどうしているんや」

営業マン「それが、なかなか大変だということがわかりました。自分は動かすことはできますが、『人は自分の思った通りにしか動かない』『人は自分の思い通りやりたい』ということですものね。でも、よく考えてみれば、私が自分で納得したら動くように、部下も同じなんですね。そこで、一人ひとりが納得して動くためには、『自分でつくらせる』のが一番だと気づいたのです。まず、部下に自分で成長計画をつくらせ、一緒に検討して、それに基づいて育てるようになりました。すると、一人ひとりの特徴をとらえることができますので、サポートやアドバイスも、画一的なものでなく、一人ひとりの個性に応じたものになるのです。何しろ、部下のタイプはさまざまですからね。行動的な奴、理論的な奴、慎重な奴、小手先でこなす奴などいろいろです」

指南役「ほう、それは面白いな」

営業マン　「ここで大事にしたのは、この計画を、本人とともに立てるということです。まず、本人にどうしたいかを聞き、それを実現する計画を立てさせる。それを話し合い、一緒につくり上げるのです。こちらから提案することと言えば、振り返りをすることと、営業先訪問時のシミュレーションをすることです。そして、現場同行もします。同行して、私自身の営業も見せます。そうすると、足りないところをより自覚するのです。このように教えていると、焦ることもなく辛抱できるようになりました。部下の成長は、そうやって一歩、一歩だということも実感しています。そういえば、先日、すごく嬉しいことがありました」

指南役　「ほう。それはどういうことや？」

営業マン　「はい。入社時から私が直接に育てている3年目の営業の女性が、ずいぶん成長してくれまして。彼女の担当に、売上がほとんどゼロになっていた既存客があったんです。そこを掘り起こしてくれて、今では当社営業所のトップ10の売上をあげるまでに成長させてくれたのです。その女性には、入社時から1年間、振り返りをしっかり教えました。そこから、しだいに自分なりに考えるようになり、見事、このような結果を残してくれました。これまで他の営業マンがアタックしては撃沈していたところを、見事、彼女が風穴を開けてくれたのです」

指南役 「すごいやん。どんなことをやったんや」

営業マン 「彼女はお客様の言われることを、よく聞いたようです。お客様がどんなことを考えているかを聞き、一緒に考えて、それだったらということで当社の商品が提案できたと言っていました。取引が再開することが決まったとき、よっぽど嬉しかったんでしょうね。私のところに来て、『少しいいですか。実は……』って、興奮気味に報告するんです。私は『そうか、そうか。すごいじゃないか』と聞きながら、ジーンときて、目頭が熱くなって、ウルウルしてきたんです。教えはじめて3年です。『この子もそれができるようになったんだ』と思うと嬉しくて。これって、私も先生から習ったことで、ものすごく重要なことなんです。これができれば、営業は変わる。それを彼女ができるようになったんだと思うと、嬉しくってですね」

指南役 「そら、よかったな。きみも人に教え、育てられるようになったんや」

営業マン　「そうなんです。先生から教わっている質問型営業も教えましたが、お客様に質問して聞くことができるのは、自らが振り返りをして、自分の声を聞けるようになったからだと思っているのです。自分のことをしっかり振り返り、今日1日の出来事を客観的にとらえて、自信を得たり、改善策を出したりという姿勢がつくられたからこそだと思います」

指南役　「それはよかったね。本人も喜んでいるやろ」

営業マン　「ええ。このような結果が出て、自分に自信が出てきたみたいで、今は張り切っていろいろなところに営業に行っています」

指南役　「そういう育て方ができるようになって、支店の雰囲気はどんなふうになっているんや?」

営業マン　「そうですね。ずいぶん変わりましたね。以前は、結局のところ『俺が、俺が』でしたね。それぞれが自分なりの営業をしているので、どうしてもバラバラになっていました。極端に言えば、自分さえよければいいという雰囲気がありました。ところが、今はみんなが仲間になり、支店が連帯感のあるチームに変わりましたね。『フォア・ザ・チーム』のようになったと言うんでしょうか。おかげさまで、売上は当時の2倍。それが支店長にさせていただいた理由だと思います」

指南役
「おいおい、かっこいいこと言うやんか。支店がそのようになれた理由はなんや？」

営業マン
「やはり、先生の営業を習ったこと、特に『書く』ことを習ったことですね。まず、7年前に私自身が実践して、その効果を実感しました。そして、当社の支店のメンバーにも書くことを教えました。それによって、各自が自分で考え、自分で答えを出すということがだんだんと身について、自分自身のレベルで、どのように行動すればいいかがわかるようになったのです。そして実際に行動に移すことによって、少しずつ成果を出せるようになりました。自分に自信を持てるようになり、自分の可能性を感じるようになりました。それが一人ひとりを明るくしましたね。自分を認められるようになったからです。すると、不思議なものです。周りの人を認めるようになったんです。互いの個性、やり方を認めることで、張り合うことがなくなりました。もちろん、営業法や業務の進め方を共有できるようにもなりました。本当によかったと思います。

指南役　まあ、まだまだこれからですけどね」

「本当によかったな。さあ、これからやな。さらにしっかりがんばりや！」

POINT

「書く」ことで、各自が自分で考え、自分で答えを出すことが身について、どうすればいいか、自分でわかるようになる。それを行動に移すと皆が成果を出し、不思議なことに、互いを認められるようになる。

著者略歴

青木毅（あおき・たけし）

大阪工業大学卒業後、飲食業・サービス業を経験し、米国人材教育会社代理店入社。セールスマン1,000名以上の中で5年間の累積業績1位の実績をあげる。97年に「質問型営業」を開発。98年には個人・代理店実績全国第1位となり、世界84ヶ国の代理店2,500社の中で世界大賞を獲得。株式会社リアライズを設立後、「質問型セルフマネジメント」を開発し、大阪府や大阪府警、東京都などの自治体へ質問型コミュニケーションを指導する。2008年に質問型営業のコンサルティングを開始し、大手カーディーラー、ハウスメーカー、保険会社などへの研修、講演を通じて累計3万5,000人以上を指導してきた。ポッドキャストの番組「青木毅の『質問型営業』」は1万人以上に視聴されている。著書は『「3つの言葉」だけで売上が伸びる質問型営業』『質問型営業でトップセールスになる絶対法則』（ともにダイヤモンド社）、『図解 新人の「質問型営業」』（同文舘出版）など16冊。翻訳も含め、累計20万部を突破。

■連絡先　株式会社リアライズ
〒531-0072 大阪府大阪市北区豊崎3-20-9 三栄ビル8F
TEL：0120-415-639　　メール：contact@e-realize.jp
株式会社リアライズ HP：http://www.e-realize.jp/
質問型営業 HP：http://www.s-mbc.jp/

蘇える営業

「質問型営業」で結果につなげた9の実話

2020年10月7日　初版発行

著　者 ―― 青木毅

発行者 ―― 中島治久

発行所 ―― 同文舘出版株式会社

東京都千代田区神田神保町1-41　〒101-0051
電話　営業03（3294）1801　編集03（3294）1802
振替 00100-8-42935
http://www.dobunkan.co.jp/

ISBN978-4-495-54075-3

印刷／製本：萩原印刷

Printed in Japan 2020